パラパラめくって比べる会計

決算書の変化が
図の増減で一目瞭然！

税理士 牧口 晴一 著

税務経理協会

「はしがき」に代えて……読めない・使えない「成績表」

　子供の**成績表はきわめて明確**です。子供達は，それを容易に理解します。ところが，経営者はどうでしょう？　彼の「成績表」であるはずの「**決算書**」を読める経営者の少ないこと！　しかし，読めないのは仕方がないのです。その「成績表」は**複式簿記**というきわめて素人にわかりづらい形式で書かれていますから……。

　そのうえ，決算書は，実はほとんど役に立たない**古新聞**なのです。それは本質的には，税務署などの企業**外部者が，結果を知るために作ることを強制**させているものですから，外部者にとっては「過去」であってもよいのです。

　これに対して，企業内部の，経営者などが活用するためには，今現在を知らねばなりません。**座して待っていて赤字になっては，その過去の事実を取り消すことができません**。このままでは赤字になるのなら，**決算までに対策を講じねばなりません**。

つまり「**でき上がった決算書**」では遅いのです。

　運転手から眺める**運転席の風景が例え数秒前のもの**であったならば，恐ろしくて運転などできないのと同じなのです。そうでなければ，きわめて論理的に，原因と結果の因果関係から，事故になってしまいます。

企業は，多くの人々の努力と不努力の交差したものが，結果的に数値として，金銭で評価できるものだけを，金額で表示するものです。さらに，子供の成績よりドラスティックに日々変化していきます。定期テストの結果，成績表が出るというほどのんびりとはしていられません。

　それどころか，刻々と変化するのをつかむ以前に，経営者は取引が起こる前に，**この意思決定をすると，成績表である決算書に，それがどう現れるかが，アバウトにでも理解**できていなければ，とても企業という大きな乗り物の運転手を務めることはできません。

　アバウトでいいのです。「こうすればこうなる」が「複式簿記の思考」でわかっていなければならないのです。**売れればいいじゃないか？** ではないのです。**「経営」は総合的**なものです。**売れるだけでは駄目で，そのための仕入れ計画や，資金調達や，人員手配などをして，利益が出て，資金も回って……と総合的なバランスを欠いては，極端な話，売れ過ぎて資金ショート**すら起こしかねません。

　残念ながら，その**総合性を論理的に明瞭に表す道具**は，現在に至るまで「複式簿記」に勝るものはありません。しかし，その難解なこと。しかも通常の検定試験の簿記は，その名の由来となった**「帳簿記入」の技術を学ぶものであって，経営に活かす視点が存在しないために**，経理屋の道具に甘んじてしまって，**経営者のツールに成り得ていない**のです。

　そのために私どものような専門家がいる？　と思ってはいけません。専門家は24時間一緒にいません。社長の頭の中での刻々と変化する経営の思案を，そのつど，相談にはとても応じられるものではありませんし，**その時折に，自ら瞬時に判断し，指示していかねば，車の運転ができない**のと同じです。

「はしがき」に代えて……

	これまでの手法	この本の手法
決算書を読む姿勢	過去分析	現在と未来の対策…事実を創る！
誰が使う目的か	外部者（税務署・株主）	企業内部の経営者等
読み方	主に数値で，経営比率分析	レオナルド・ダ・ビンチ推奨の最高の道具「複式簿記」をやさしく図解で比較

　現況と，この意思決定をしたらどうなるかわからないということは，**経営全体の「イメージの欠如」を招き，それに伴い「実行の遅れ」も招いて**しまいます。車の運転なら，**後ろを振り返れば「誰かを轢いてしまったようだ……」**になってしまうのです。その事実は消せません。背に腹は代えられないと，**逃げる行動を誘発**してしまいます。企業なら，**脱税や粉飾**をしたくなったりするのです。

　したがって本書では，従前の「決算書の読み方」とは一線を画しています。**過去ではなく，今と未来に焦点**を当て，簿記を経営者の道具とし，経営者の必須の「**企業運転免許証**」となるよう，これを知らず倒産しないように，脱税や粉飾に走らないように祈念し，使命感をもって著しました。

　本書の執筆に当たっては，名古屋商科大学大学院の齋藤孝一教授にご支援をいただきました。この場を借りて感謝申し上げます。

平成 21 年 9 月　著者

目　次

「はしがき」に代えて……

第1編　エピソード
会計の基本を押さえる

プロローグ　　　　　　　　　　　　　　　　　　　　　2

小遣帳だけではなぜ困るのか？　6
複式簿記は勘定科目という箱を5グループに分けて集計するシステム　8
「借方」＝左側・「貸方」＝右側の意味しかない　10
「損益計算書」の要素は『収益』と『費用』　11
「貸借対照表」の要素は『資産』『負債』『資本』　12

I　エピソード　　　　　　　　　　　　　　　　　　　14

第1章　会社設立と現金取引　　　　　　　　　　　　　16

「5要素」の増減の4パターン　18

第2章　売掛金の発生と回収　　　　　　　　　　　　　28

❖解説1．いつ「売上」になるのか？　40
❖解説2．理論的でも，納得できない感情　42

i

第3章　在庫の発生　　　　　　　　　　　　　　　　　　44

❖解説3. 仕入がなぜ全部『費用』にならないのか？　56
❖解説4. 売上原価のつかみ方　58

第4章　買掛金の発生　　　　　　　　　　　　　　　　　60

第5章　設備投資と有効活用　　　　　　　　　　　　　　70

❖解説5. 減価償却費はなぜあるのか？　76

第6章　売上アップ！　　　　　　　　　　　　　　　　　78

第7章　年間決算・借入で高級車購入へ　　　　　　　　　86

第8章　借入したので頑張る！　　　　　　　　　　　　　98

❖解説6. 銀行が融資する判断基準とは？　110
❖解説7. 本社ビルを建てると倒産？　112
❖解説8.「借入の返済は利益」とは？　114

第9章　支払手形に手を出す！　　　　　　　　　　　　116

❖解説9. 支払手形がなければ倒産なし！　126

目 次

第10章 サラ金から借入をしてしまう！ 128

第11章 手形の支払を延期する！ 138

第12章 逆に手形を貰ってしまった！ 142

第13章 手形を割引する 154

第14章 税金がやってきた！ 160

❖解説10．2年目の利益140は，どこにいった？ 164

エピソードを終えて… 166

第2編 どうしたら良い？
会計を経営に活かす

Ⅱ　どうしたら良い？　　170

第1章　かく乱させられる，その原因は何か？　　172

1. 「ズレ」…その第一の原因　174
2. 「ズレ」の第二原因は何か？　176
3. 実務（現実）では，どう対応しているか？　178
4. ズレに対応する経営（その1）　180
5. ズレに対応する経営（その2）　182
6. ズレに対応する経営（その3）　184

第2章　ズレを「なくする」経営（提言1）　　186

1. 時間差攻撃に弱い人間　188
2. 「どんぶり勘定」もまた1つの方法　190
3. シンプル経営　192

第3章　ズレを「活かす」経営（提言2）　　194

1. 短期バランスを崩し鍛える＋社長自らの財務理解　196
2. ズレは内輪差・それを理解する社長の育成　198
3. エピソード・貴方の意思決定ならどう変わるか？　200

索　引　203

第 1 編

エピソード

―会計の基本を押さえる―

プロローグ

社長なのに会計がわからない…

この物語の主人公、"ワカ社長"もそんな社長です。

←ワカ社長

そんな社長のために…「パラパラマンガ」で、決算書の"変化"が、まるでアニメーションのようにして、会計がわかります!

その仕掛けは…

2種類の決算書が毎ページ、同じ位置に表示されます。このように。

そこで、たとえば現在、**現金100円だけがある会社**が、
60円の電気代を払うと…

その社長の意思決定で、決算書がどう変わるか?
それが、2ページ後に、パラパラマンガで、見えるのです!

貸借対照表のタマゴ

現金100がある!しかし損益計算書は
これが2ページ後に変わる!

| 現金 | 100 |

> 次のページをめくると・・・
> この見開き2ページの決算が
> どう変化したかがわかります。

2ページ後の決算書と，5～6回パタパタとめくって比較してください。
ページをめくると，「何が」,「どれだけ」"変化"したかがわかります。
1～2回ではなく，5～6回パタパタすることが大切です！

ワカ社長の「経営の物語」と共に，これを**繰り返す**ことで，簿記の入門の難関な「**取引の二重性**」が自然に……しかも，通常の簿記の勉強では学べない，取引の**経営に対する影響**（利益があるのになぜ資金繰りが苦しいのか？ 等）を理解する**本格的な経営簿記**の知識が，共に**論理的に**身に付いてしまうのです。

損益計算書のタマゴ

今は何もない損益計算書…
これが2ページ後に変わる！

前ページの状態から，現金で60円の電気代を
支払うと・・・どうなる？

2ページ前と"パラパラ比較"をしてみよう！
これが本書を楽しんで理解するポイントです。

ワカ社長！　2〜3回では，はっきり確認できませんョ。
本当に，5〜6回，パタパタ・パラパラして見比べてくださいね！

右ページも・・・

そうすると，どこが変化したか？

わかりますか？　パラパラしてみると…

そう！　現金が減りましたよね…100円から40円に…

貸借対照表のタマゴ

| 現金 40 |

そして右ページの**何もなかった**損益計算書に，**水道光熱費60円**に現れたことがわかりますね，ワカ社長！

このように，本書では，社長の意思決定した結果が…

> "アニメーション"のように変化がわかります，最低5〜6回パタパタ，パラパラさせて，比較してみてください。これがコツです。
> これを本書では「パラパラ比較」ということにします。
>
> (実用新案権申請中)

意思決定が実行されると，それが2つの決算書にどう影響を与えるかが，直ちに，そして，同時に，つかめてしまうのです。

さらには，現金出納帳からキャッシュ・フロー（CF）まで同時にわかります。

※「アニメーション会計」は登録商標です。

損益計算書のタマゴ

水道光熱費　60

小遣帳だけではなぜ困るのか？

　ここで，ワカ社長は，学生時代の下宿生活を思い出していました……
「あの頃は小遣帳を付けていたが，それだけではいけないのだろうか？」そして「**会社の帳面や決算書とはどう違うのだろう？**」と。

　あの頃の小遣帳を見ると……4月に下宿開始時，自分の貯金（10万円）だけでは足りないので，父に20万円借りて上京と通学定期代に4万円，下宿の保証金5万円を支払い，TVとビデオを10万円で買い，バイトで12万円稼ぎ，下宿代8万円，携帯通話料2万円払って，下の小遣帳のように，現金残が13万円でした。

（単位：万円）

NO.	日　付	摘　　　要	入金	出金	残高
①	4月1日	手許現金	10		10
②	4月2日	父から借入	20		30
③	4月2日	上京交通費・定期代		4	26
④	4月3日	下宿の保証金		5	21
⑤	4月4日	TVとビデオ		10	11
⑥	4月30日	バイト代	12		23
⑦	〃	食事付き下宿代		8	15
⑧	〃	携帯電話通話料		2	**13**

　これでは，現金残13万円ということしかわかりませんよね。**これを，これから学ぶ複式簿記で見ると，下と右ページの2つの決算書のように，わかるようになります。**

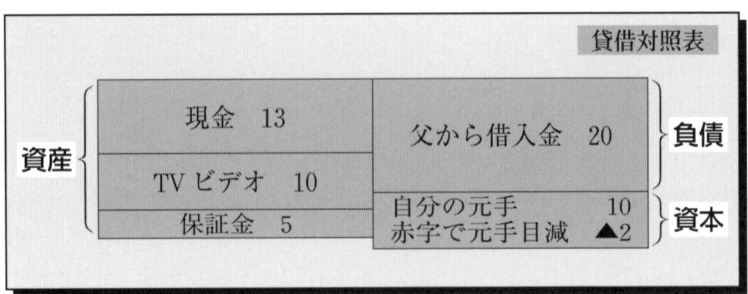

つまり，小遣帳だけでは，現金の管理しかしていませんから，13万円の現金残高しかわかりません。しかし，よく考えると，**現金の入金や出金には，それぞれ，同じ金額の「理由」が必ず付いています。**

つまり，①で 10 万円の元手（生活のための資本金）が同時に同じだけ注ぎ込まれました。②は父からの借入金が同時に同じだけ増えました。③は，交通費が同時に同じだけ発生しました。④は保証金という退去時に返却される（これは資産）が同時に同じだけ増えました。⑤は TV とビデオという備品（これも資産）が同時に同じだけ増えました。このように出金すると，**ただ単にお金が減るだけでなく，代わりに，同時に，同じ額だけ，資産が増えたり，費用が発生したり**しています。逆に入金ならただ単にお金が増えただけでなく，**同時に，同じ額だけ，資本金や借入金が増えた**のです。

さらに続ければ，⑥バイト代でお金が増えれば，同じ額だけバイト代という収益も増えました。⑦⑧で払えば，同時に同じだけ，経費が発生します。

結局，この月末時点での学生生活が，2 つの決算書にまとめられ，まるで，掌に乗せて見下ろしたかのようにわかるのです。これは 1 ヶ月分ですから集計しなくても，大体想像できますが，1 年分になると集計しないとわからなくなります。複式簿記は，**「現金」とか「交通費」とかの集計用の箱である勘定科目を使って，それらを 5 つの『資産』，『負債』，『資本』，『収益』，『費用』というグループに分けて集計していくシステム**なのです。

それによると，何と，小遣帳では 10 万円で始まって，13 万円だから，**3 万円増えたようでしたが，実は今月は 2 万円の赤字**だったのです。

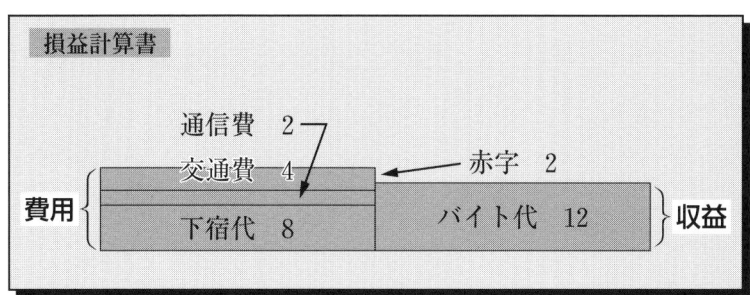

複式簿記は勘定科目という箱を5グループに分けて集計するシステム

前のページで，複式簿記は，「現金」とか「交通費」とかの集計用の箱である勘定科目を使って，それらを5つの『資産』『負債』『資本』『収益』『費用』というグループに分けて集計していくシステムといいました。

前のページで使用したような「勘定科目」は，下宿生活用ですが，企業が一般的に使うものは，下に例示したような名称のもので，数え切れないほどあります。

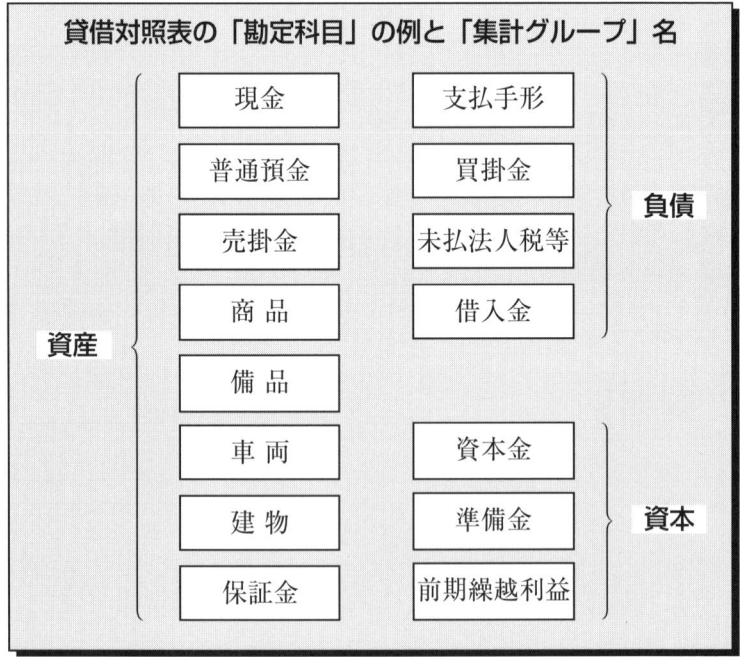

貸借対照表の「勘定科目」の例と「集計グループ」名

しかし，これらの「勘定科目」の属する**グループは5つしかありませ**
ん。

『資産』は，企業にとって価値のある**財産や権利**です。

『負債』は，企業がやがて**支払わねばならない**義務です。

『資本』は，負債と異なり，**返済の義務がない株主の持分**です。

『収益』は，企業が**獲得する利益を生み出す**ものです。

『費用』は，企業が**収益を得るために，要したコスト**です。

なお，「利益」という概念は，**『収益』－『費用』＝利益**で表現されます。

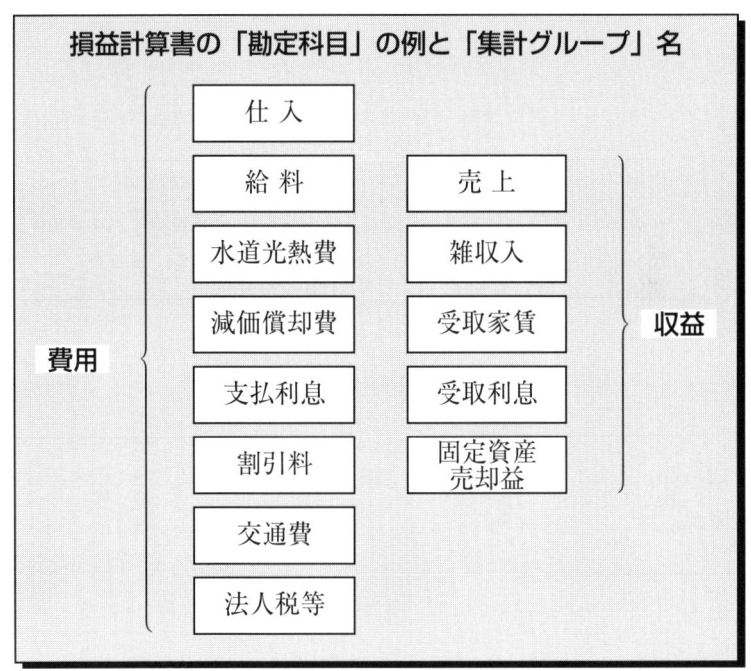

「借方」=左側・「貸方」=右側の意味しかない

さて，簿記では，「借方(かりかた)」とか，「貸方(かしかた)」という言葉をよく使います。

まず，物語を始める前に，ワカ社長の"誤解"を解いておきましょう…

実は，「借方」「貸方」の漢字の意味はまったくありません！

つまり，物やお金を「借りたり，貸したり」するという意味はないのです。

> 舞台の右手を「上手(かみて)」，左手を「下手(しもて)」というように…
> 簿記では，「左側のことを借方」，「右側のことを貸方」という，ただそれだけです。
> ですから，この本では，左側とか右側と表現します。

これを聞いたワカ社長。「そうか！ 独学で簿記を勉強したときにいきなり『借方・貸方』で始まったので，その意味で混乱しちゃったけれど，左右の意味しかないことを知って，何だそうだったのかと安心したヨ！」と…

そうなんです。でも，簿記が生まれて千年余り（日本では福沢諭吉先生が輸入以来），ずっと世の中では使われ続けていますから，**今さら変えられないので**，この本を離れて，実務で使うためには**覚えるより仕方がありません**（私は「貸借対照表」の「貸借」と逆の「借貸」だな…などと覚えましたネ。）。

しかし，やっているうちに覚えてしまいますから，ご安心を！

「損益計算書」の要素は『収益』と『費用』

最初の決算書,「損益計算書」は,一定期間の,「損益の状態」を表し,下のように右に『収益』と,左に『費用』が書かれ,差額が"利益"となり,要は会社が儲かっているか否かがわかります。

ここで大切なのが,**右側(貸方)が『収益』で,左側(借方)が『費用』**だということです。これは,是非とも丸暗記してください。

『収益』は売上,受取利息,受取家賃や配当などを表すグループの総称。
『費用』は仕入,給与,消耗品費,支払家賃など表すグループの総称です。

「損益計算書」は,期間の利益を表します。これは当然ですが,瞬間の利益は,捉えようがありません。これが次に学ぶ「貸借対照表」との違いです。次のページで学ぶ「貸借対照表」は,ある瞬間の財産状態を表します。

「損益計算書」は P/L (Profit & Loss statements) と呼ばれます。

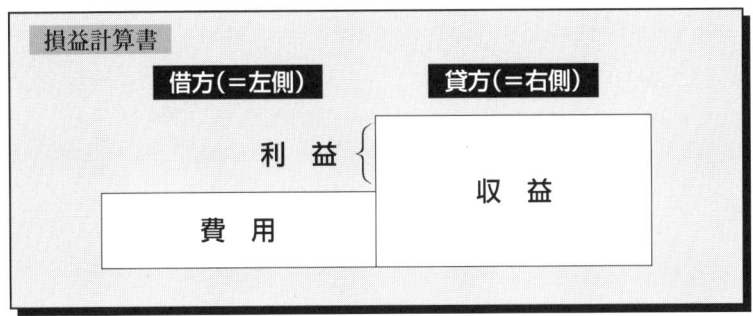

「貸借対照表」の要素は『資産』『負債』『資本』

初心者には難しいといわれるのが、次の「貸借対照表」(下図)です。そこで身近な例として、貴方の**個人の財産で考えてみましょう**。貴方の全財産が自動車だけとしましょう。日常会話でもこんな話がありますね。

「300万円で、この車を買ったんだ。でも、200万円のローンを組んだから僕の分といえるのは100万円だけさ…」

このとき、簿記のわからない人向けには、一般にこんな図解をします。300万円の車は、**所有権自体は全部、貴方**です。実体の**車自体は、2色に色分けされている訳ではありません**。

2色に分かれているのは、**資金の出所**を示しています。

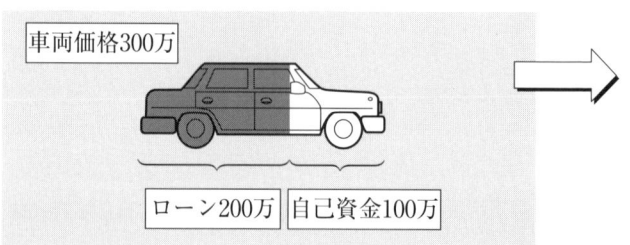

	貸借対照表
借方（＝左側）	**貸方（＝右側）**
資　産	負　債
	資　本

そこで、車という資産の本体を、下図のように左側に別に載せます（なぜなら、現実には貴方には、車の他に現金預金や株券や、家・土地等の資産が一杯あり、**一つ一つの財産を色分けすることができません**。たとえば、ローンをすべて車につぎ込むことなく、手元に現金で残したりしますから、**渾然一体**となっています。だから、現物の資産をそのままの姿で、まず捉えます。）。

しかし、決して、**車が２台になった訳ではありません**。

同じ車を、その実体と資金の出所との、違う視点から捉えているのです。

つまり、この図解の意味するところは……

私は、車という資産…価値は 300 万円を所有しています（左側）。

その資金の出所は、200 万円はローン、すなわち負債（借金）で、残る、100 万円は自己資金で用立てました（右側）…ということなのです。

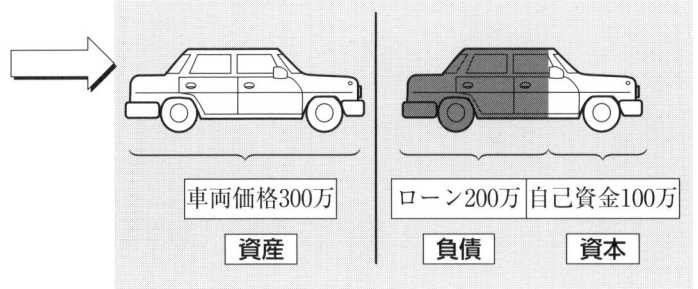

| 車両価格300万 | ローン200万 | 自己資金100万 |
| 資産 | 負債 | 資本 |

これは、貴方の財産の状態を表しているともいえます。だから会社でも「貸借対照表」は、その時点での、「財産の状態」を表し、左ページの図のように**左側に『資産』と右側に『負債』と『資本』**が書かれ…要は会社にどれだけの資産や借金があり、自己資本があるかが、一覧できます。

これも、**左右の位置が重要ですから、丸暗記**しましょう。

「貸借対照表」は、**B/S**（balance sheet）ともいわれます。

I　エピソード

　ワカ社長は，**小売業**の会社を設立して，はじめは順調に滑り出しをします。1個仕入れて1個売り，給料を支払う…という単純な取引を繰り返し，確実な利益を出していきます。

1年目											
1月	2月	3月	4月	5月	6月	7月	8月	9月	10月	11月	12月
会社設立							設備投資		売上増加		年度決算

　やがて，パソコンの設備投資もして…売上も2個ずつになります。

　　　　取引も会社の規模も大きくなり…借入をして
高級車も買うのに…なぜか段々と，ワカ社長の**資金繰りは苦しく**なります。手形を使って何とか頑張る。けれども大変なことになっていきます。

　業績は，さらに3個販売体制，4個販売体制と増えて，

　お金もないのに利益だけ出て，税金がどんと出てしまう…そんな…よくありそうな…ある会社の物語です。

　最後には，いったいワカ社長の会社はどうなってしまうのでしょう？

2年目											
13月	14月	15月	16月	17月	18月	19月	20月	21月	22月	23月	24月
借入	車購入		売上増加					人員増加		売上増加	年度決算

　まずは,ワカ社長が会社を作る瞬間から。さあアニメーション会計の始まり,始まり～～!

　なお,このエピソードは一連の取引(物語)になっていますから,**必ず順番にお読みくださるよう**お願いします。

第1章 1月 | 2月 3月 4月 5月 6月 7月 8月 9月 10月 11月 12月
会社設立と現金取引

まず,この本のルールです。下の「現金出納帳(げんきんすいとうちょう)」に取引が書かれます。ワカ社長いわく,「**小遣帳と同じですね。**」そのとおりです!

(なお,預金での取引も現金取引に直して表現しています。)

<現金出納帳>

NO.	日 付	摘　　要	入金	出金	残高
	1月1日				0

この網の掛かった行の取引が,この見開きのページで解説されます。

そして,**この現金出納帳で取引をした"直後"の決算書を直ちに見ることができるのです。**

まだ,会社は生まれていませんから,「取引」はありません。空っぽです。しかしこのとき,あえて「決算書」を作るとこうなります…

『資産』『負債』『資本』『収益』『費用』の5要素がすべて0円です。

B/S(貸借対照表)	
『資産』	『負債』と『資本』
0	0

第1章　会社設立と現金取引

> それでは，ここで『資産』『負債』『資本』『費用』『収益』の5要素が，右左のどちら側に位置するか（いわば「実家」の位置）を，今，覚えてしまいましょう！

簡単ですね！『資産』と『費用』が左で，残りは右です。
覚えましたか？

> これは実は，重要です。
> それは，増えたときに，書く側を示しています。
> 逆にいえば……減ったときは，反対側に書くのです！
> したがって「左右の位置に意味がある！」のです。

実は，**現金出納帳も，同じ原理で作られます**。左ページの上の点線の丸で囲った所を見てください。現金という『資産』は増えたときには左側の「入金」の欄に書き，減ったときには，反対側である右側の「出金」の欄に書きますね。

マイナスで書かず，左右という「位置」でマイナスを示しているのです。ワカ社長も「この書き方には小学生の頃から慣れ親しんでるワ！」と笑顔。では次のページで確認してみましょう…

P/L （損益計算書）	
『費用』	『収益』
0	0

「5要素」の増減の4パターン

　この本では，5要素…すなわち『資産』『負債』『資本』『収益』『費用』の増減を以下のように表現します。まず「実家」が左側の要素…

　増えたときには，その要素の実家側がそのまま増え，減ったときは，反対側に，まるで実家から放り出すかのように，減った分を書きます。

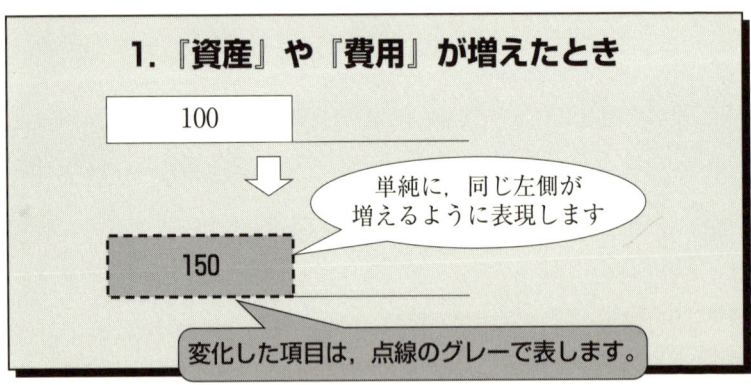

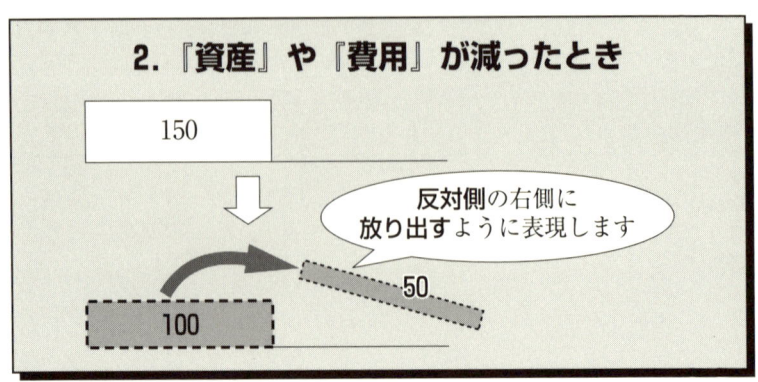

第1章 会社設立と現金取引

そして変化のあったものは，点滅するイメージで，点線でグレー表示します。

続いて，**「実家」が右側**の要素は，下記のように，左ページの**鏡**のようです。何にも難しくありませんね！

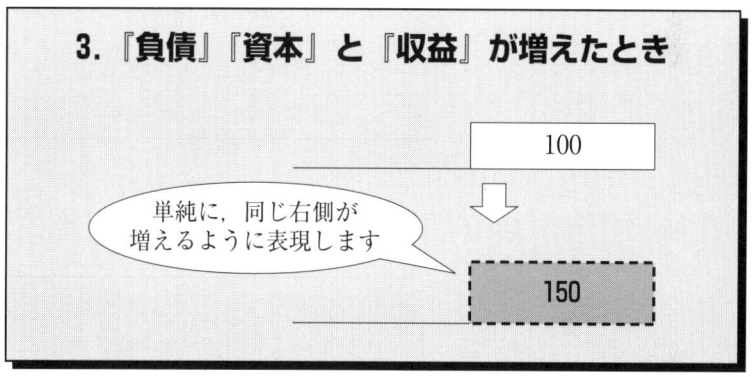

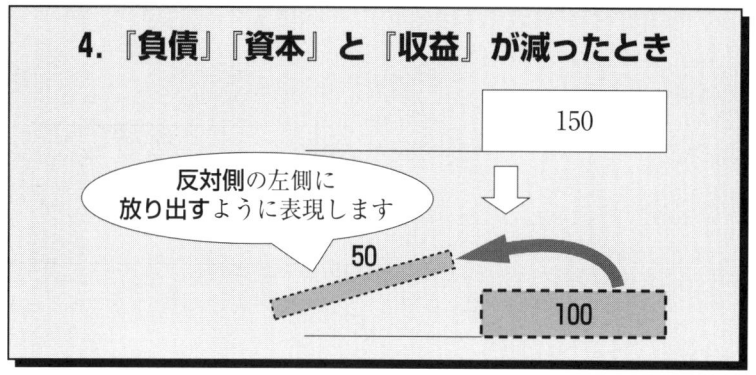

1月 Action 1/4 さあ！いよいよ！ 現金100万円を出資し, 会社を設立！

さあ！ それでは，いよいよ会社を設立します。ワカ社長は，サラリーマン生活で蓄えた現金100万円を資本金として会社を作りました。すると，下のように，現金出納帳の入金の欄に100万円と書き，現金の残高が100万円になります。

書き方は，小遣帳と同じでしたね。さて**この瞬間，貸借対照表と損益計算書はどう変化したでしょうか？**

NO.	日　付	摘　　　要	入金	出金	残高
	1月1日				0
①	1月5日	現金100万円で設立	100		100

下の貸借対照表 (B/S) のように**現金100が増え**，同時に**資本金も同額の100増え**ました。現金は『資産』ですね。『資産』の「実家」はB/Sの左側でした。

資本金は『資本』の一つで，『資本』は元手と剰余金の蓄積（つまり負債と違って**返済の必要のないもの**）です。このB/Sの『資本』の「実家」は右側でしたね。

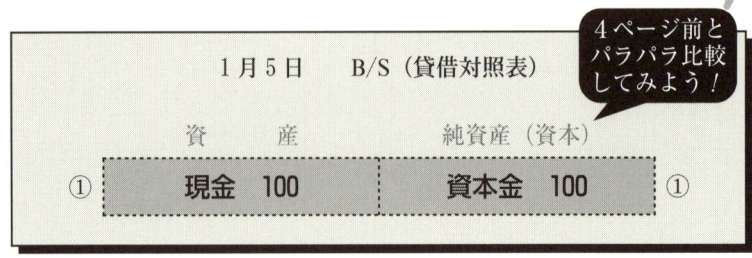

4ページ前とパラパラ比較してみよう！

```
             1月5日    B/S（貸借対照表）

          資　産              純資産（資本）
  ①    現金　100            資本金　100         ①
```

第1章　会社設立と現金取引

　一方，損益計算書（P/L）はまだ，『収益』も『費用』も発生していないので0です。つまり100万円の**入金がされても『収益』になるとは限らないのです！**　損益に関係するものしか，P/Lには載らないのです。

> さて，現金100万円が資本金（出資金）として会社に入ってきました。貸借対照表の左右に100万円あるからといって，合計で200万円ではないことに注意しましょう！
> つまり「として」と書いたように，現金が増えたことに対する「理由」の様なものなのです。だからこそ，左右の金額は同じになるのです。違っていたら逆におかしいですよね。
> これが複式簿記の原理です。実はとても簡単なことですネ。

　このように1つの取引があると『資産』『負債』『資本』『費用』『収益』の**5つの要素の組み合わせ**で，右側と左側が同時に同じ金額で変化します。これが**複式簿記の基本**です（**取引の二重性**）。その要素の増減はB/SとP/Lをまたいで発生したり，今回の様にB/Sだけに影響することもあります。

　参考のために仕訳で示すと以下のようになります。図解と同じですね。
※（借方）　現　金　100　／（貸方）　資本金　100

　最初は，この感覚がつかみにくいのですが，**自転車の練習と同じで，『簿記は実技』**ですから，体で覚え慣れることが大切です。だから**繰り返し練習が肝要**なのです。

　少し辛抱して，ワカ社長と一緒に物語をパラパラしてみましょう！

1月1日～5日	P/L（損益計算書）
費　用	収　益
0	0

1月 Action2/4 現金 60 万円で商品を 1 個, 仕入れた

次に, ワカ社長は, 商品 60 万円を現金仕入しました。すると下のように出金欄に 60 万円と書き, 残高は 40 万円となります。

NO.	日　付	摘　　　要	入金	出金	残高
	1月1日				0
①	1月5日	現金 100 万円で設立	100		100
②	1月6日	現金 60 万円で商品 1 個仕入		60	40

この瞬間, B/S と P/L はどう変化するでしょうか？　まず下のように B/S の**現金が 60 減り 40** になります。現金出納帳と同じです。

同時に, その 60 だけ, 商品を仕入れましたから…右のページの P/L の**仕入が 60 増え**ます。前ページと「パラパラ比較」してみましょう！

ここでワカ社長は「おや？」と思いました。

「**商品は『資産』だから B/S に載る**んじゃないだろうか？」…と。

そのとおりです。しかし, 本当は, そうしたいのですが…

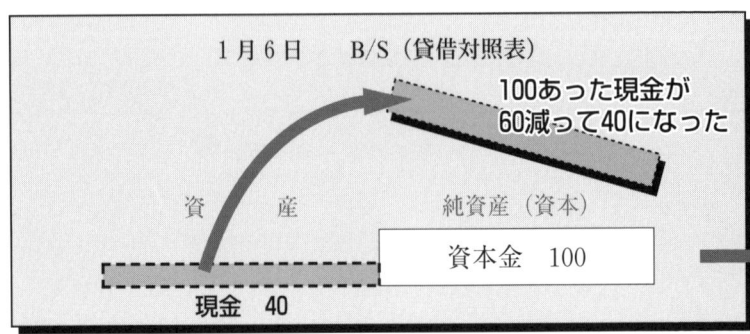

1月6日　　B/S（貸借対照表）

100あった現金が
60減って40になった

資　産　　　　　　　　純資産（資本）
現金　40　　　　　　　資本金　100

第1章 会社設立と現金取引

> 実務では，2ページ後に明らかにする理由で，商品のように常に売られることが前提のものは，仕入れた時点で，先に『費用』として下のようにP/Lに載せるのです。
> 真面目な人ほど，ここでつかえてしまうので要注意です。

もちろん，**決算の時点で棚卸をして，使わずに残っている分を把握して，調整をします**からご安心ください。このことは4月の決算で学びます。

※今回の仕訳　（借方）　仕　入　60　／（貸方）　現　金　60

さて，実務でよく使われる「**試算表**(しさんひょう)」は左のページのB/SとP/Lを合わせたものをいいます。下がその試算表です。

だから，**B/S**と**P/L**のそれぞれの差額は同じになります。

今，その差額は60万円ですね。

試算表（B/SとP/Lを合体したもの）

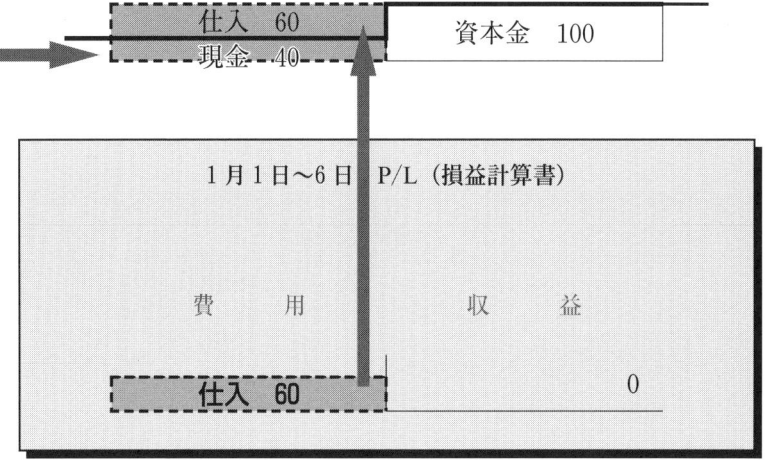

1月 Action 3/4 商品1個を，現金100万円で，販売した

仕入れたら，売るのがビジネスですね。ワカ社長は，先ほど仕入れた商品を，現金100万円で売りました。すると下のように現金出納帳の，入金の欄に100万円と書き，現金の残高が140万円となります。

NO.	日 付	摘　　要	入金	出金	残高
②	1月6日	現金60万円で商品1個仕入		60	40
③	1月7日	現金100万円で商品1個販売	100		140

経営は常に，現金預金の残高を見ながら意思決定をしていきます。

これは当然で。**残高がマイナスになった途端に倒産**ですから…

さて上の取引の瞬間，B/Sは下のように**現金が100増え**ます。「パラパラ比較」でも，必ず確認してみてください。

一方，P/Lは右ページのように，**売上が100増え**ます。これも必ず「パラパラ比較」してみてください。

また，前のページのように，それぞれの差額は同じとなり，今回は40です。

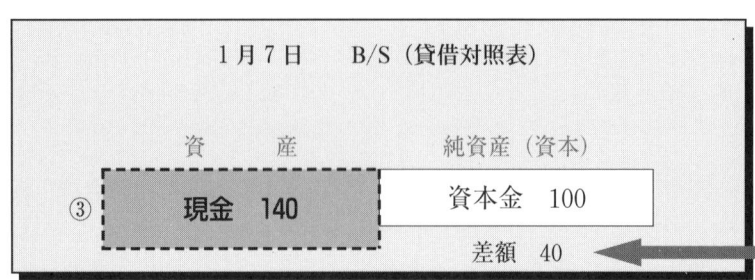

第 1 章　会社設立と現金取引

　このように通常は仕入と売上は，同時期に起こりますから仕入をした時点で仕入を『費用』としておくと，簡単に，売買差益である粗利益(あらりえき)（40 万円）がつかめます。**実務では速報値が大切だからこうするのです。**

　しかしこのように**仕入を『費用』とせず『資産』として B/S に載せる方法**では，『費用』がないので，**粗利益が 100 万円のように見えてしまいます。**

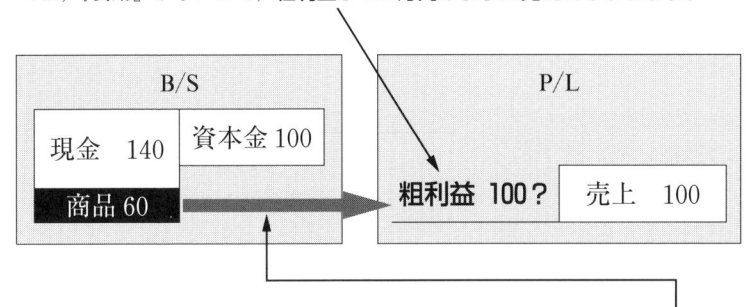

B/S	
現金　140	資本金 100
商品　60	

P/L

粗利益 100？　｜　売上　100

　この方法で正しい**粗利益 40 万円**を見るには，売れたつど，『資産』から『費用』に振替えて（移動させて）やる必要があります。しかし**販売は頻繁に起こりますので，非常に手間が掛かってしまいます。**さらに，通常は多数の商品を扱いますから，売れたつど，その商品の原価を調べて費用に振り替えるのは大変です。

　また，同じ商品でも仕入時期によって値段が違うこともありますから，売れた商品が，いつ仕入れた分なのかを調べるのも大変なことです。だから，この方法が可能なのは，土地売買のビジネスのような場合だけなのです。

※今回の仕訳　（借方）　現　金　100 ／（貸方）　売　上　100

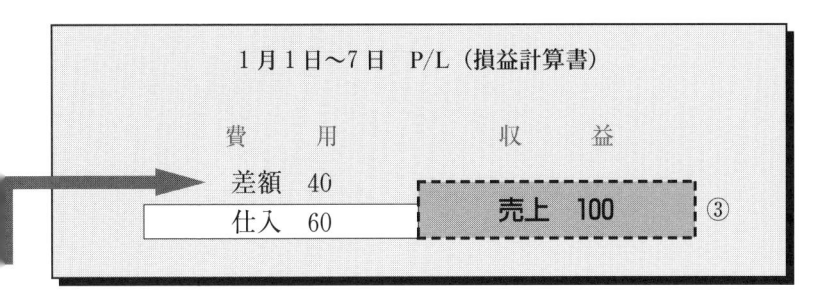

```
          1 月 1 日～7 日　P/L（損益計算書）

          費　　用　　　　　　　収　　益

     差額　　40
                              売上　100         ③
     仕入　　60
```

1月 Action4/4 給料 30万円を払い、1月の月次決算をする

1月の最後にワカ社長自身と従業員に合計30万円の給料を支払い、下のように現金出納帳の出金の欄に30万円と書くと、現金の残高が110万円になります。これで1月の月次決算（締切り）をします。

NO.	日付	摘要	入金	出金	残高
①	1月5日	現金100万円で設立	100		100
②	1月6日	現金60万円で商品1個仕入		60	40
③	1月7日	現金100万円で商品1個販売	100		140
④	1月31日	給料30万円を現金で支払った		30	110
		1月入出金合計	200	90	

すると、**この瞬間、B/SとP/Lはどう変化するでしょうか？** B/Sは、下のように**現金という「資産」が30減って110**となります。一方、右ページのP/Lは**給料という『費用』が30増え**ます。

それぞれの右左（貸借といいます。）の差額に10が出ます。**この10は利益**を表しています。「パラパラ比較」で確認してみてくださいね。

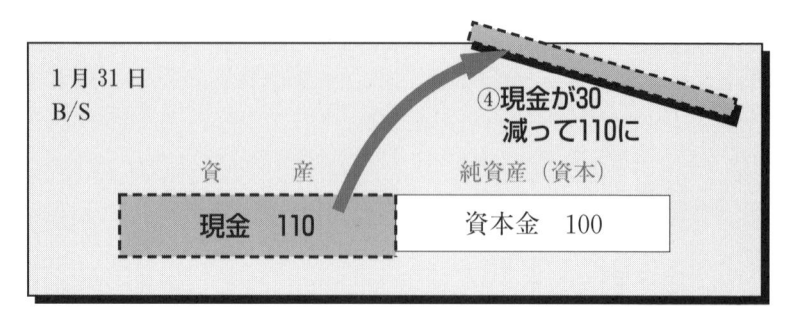

1月31日
B/S

④現金が30
減って110に

資　産	純資産（資本）
現金　110	資本金　100

第1章　会社設立と現金取引

さて，まずは，確実に利益を出して出発できました！　ワカ社長おめでとう！

復習です。左ページの現金出納帳の**入金合計は 200 万円**です。

しかし下の P/L の収益は 100 万円となり「入金」と『収益』とは異なっています。なぜでしょう？

答えは簡単です。左ページの現金出納帳には，1月のすべての取引が書かれていますので，入金の合計 200 万円の内訳がわかりますね。

> ①の取引の資本金 100 万円は「入金」ですが，『収益』ではありません。これが「入金」つまり「資金」と『収益』のズレです。

さて，この1月のように，「仕入れて，売って，給料を払って…（これを本書では「**いつもの取引**」といいます。）という取引を，これ以降，毎月繰り返していく中で，**様々な「資金」と『収益』のズレ**が起こります。

これに惑わされないようにするのが，経営の要点です。しかし，ワカ社長はかく乱され続けてしまうのです。

では，ご一緒に，さらに体験してみましょう。

※今回の仕訳　（借方）　給　料　30 ／（貸方）　現　金　30

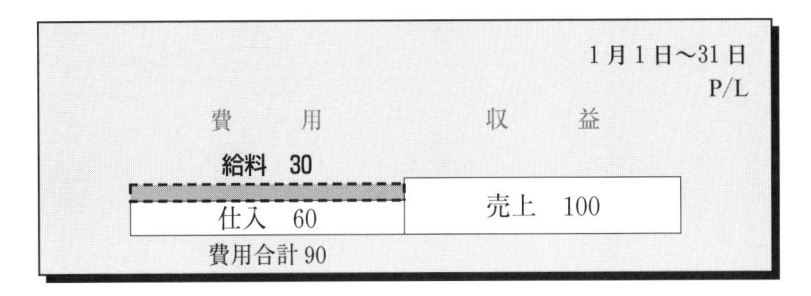

		1月1日～31日 P/L
費　用	収　益	
給料　30		
仕入　60	売上　100	
費用合計 90		

| 2月 | 3月 | 4月 | 5月 | 6月 | 7月 | 8月 | 9月 | 10月 | 11月 | 12月 | 13月 |

第2章 売掛金の発生と回収

第1章は，すべて現金取引でした。

第2章では，「付けで売上げる。」つまり売掛金(うりかけきん)が発生し，翌月に回収します。

これによってB/SとP/Lは，どう変化していくのでしょうか？

> だ，だんなぁ！
> 現金払いで
> お願い
> しまっさ〜

> おやじ，勘定
> 付けといたってや
> 来月払うで

下のB/Sは1月の月次決算の直後，すなわち，2月スタート時のB/Sです。

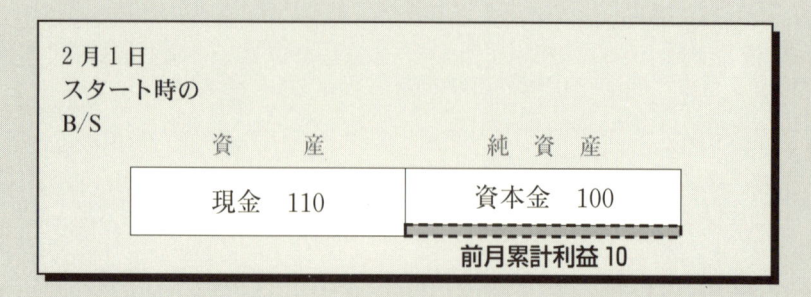

2月1日
スタート時の
B/S

資　　産	純　資　産
現金　110	資本金　100
	前月累計利益 10

第2章 売掛金の発生と回収

> 一方P/Lは，下図のように計算期間毎に，0にクリアされてしまいます。
> だから2月は，再び0からスタートするのです。
> こうすれば，毎月，業績を把握することができますね。

それでも，左ページのB/Sを見ると，前月までの累計の利益が10と表されています。B/Sは常に，今現在の残高で表示されるのです。

> しかし，法律の上では，年間のP/Lが必要ですから，実務では下にあるように，累計のP/Lも作られるのです。
> このP/Lも，12ヶ月成長していく様子が，月毎に「パラパラ比較」できますので，後で1年分の成長を確認して見てください。

参考：累計のP/L　（1月まで）

給与　30	
売上原価　60	売上　100

2月1日スタート時のP/L

費　用	収　益
0	0

2月 Action 1/3 1月と同様，現金で商品を仕入れた

3月 4月 5月 6月 7月 8月 9月 10月 11月 12月 13月

2月になりました。以後も基本的には先月と同じく，仕入れて，売って，給料を払う…という「いつもの取引」をします。しかし，取引形態が現金取引から**信用取引**に変化したりすると，どう経営の数字に変化が生じるか？　これが見所です。

まず，現金で商品60万円を仕入れました。すると，下のように現金出納帳の出金の欄に60万円と書き，現金の残高は50万円になります。

NO.	日　付	摘　　　要	入金	出金	残高
	1月6日	現金60万円で商品1個仕入		60	40
	1月7日	現金100万円で商品1個販売	100		140
	1月31日	給料30万円を現金で支払った		30	110
①	2月1日	現金60万円で商品1個仕入		60	50

この時，B/SとP/Lはどう変化するでしょうか？

1月の復習ですね。下のB/Sの**現金が60減って50**になります。

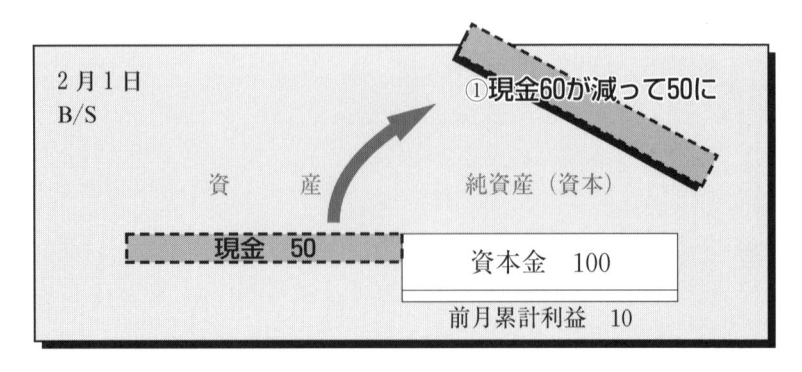

```
2月1日
B/S
                              ①現金60が減って50に

     資　　産            純資産（資本）

     現金　50              資本金　100

                         前月累計利益　10
```

第 2 章　売掛金の発生と回収

そして…下の P/L の**仕入が，その分 60 増え**ますね。

※今回の仕訳　（借方）　仕　入　60　／　（貸方）　現　金　60

> <参考> 一定期間（通常は 1 ヶ月）に区切って利益を計算するのは，会計の世界では当然のことです。**家計でもそうですよね**。月給が入って，基本的にはその中で食費を支払い，ローンを返済して，小遣いを使い，「今月は赤字だった」と言いながら生活をする…企業も同じです。
>
> <参考のさらなる解説>
> 　なぜなら，**ある "瞬間" の利益は，出しても，あまり意味のない**ことです。つまり下図のP/Lでは，仕入れた瞬間では，60万円の赤字になってしまいます。赤字になるからといって，仕入れない方が良いでしょうか？　そんなことはありえませんよね。
>
> 　いうまでもなく，この仕入は，次の取引である売上に対応するコストなのです。
> **つまり，関係する取引が一通り揃う期間が経過しないことには，それまでの途中の利益は，正確ではありません。**
> 　たとえば，給料もそうですね。月給の給料が支払われるまでは，その月の利益は正確ではありませんよね。

```
                                                      2月1～1日
                                                         P/L

              費　　用              収　　益

    ②        仕入　60                    0
```

2月 商品を，掛で売った

Action2/3

2月は1月と異なります。商品を100万円で売りましたが，掛売りしたので現金の入金がありません。だから下の現金出納帳のように入金は0円です。

NO.	日　付	摘　　　　要	入金	出金	残高
①	2月1日	現金60万円で商品1個仕入		60	50
②	2月2日	商品1個100万円で掛売りした	0		50

売上時点では現金をもらわず，翌月以降に集金する売り方が，掛売りです。この時，翌月以降に集金する権利を，「売掛金」といいます。

売掛金は，お客様からお金を頂ける権利だから『資産』の1つです。

この売掛金は，「利益」と「資金」とが異なってくる重要な要素となります。

さて，上の取引の瞬間，B/Sは下のように，**売掛金という『資産』が100増え**ます。また「パラパラ比較」してみてくださいね。

2月2日
B/S

資　産　150　　　純　資　産　110

現金　50　　　　資本金　100
② 売掛金　100
　　　　　　　　　前月累計利益　10

そして、P/Lの方は、下図のように、**売上が100増え**ます。これもパラパラ比較して見てくださいね。

掛売りで、**入金はなくても、売上という『収益』には違いがない**のです。

> そうすると、現金60万円で仕入れて、100万円の掛売りした差額の粗利益40万円は、集金が済んでいないので、実はまだ使えない利益なのです。
> これが「利益」と「資金」の違いの"根本問題"なのです。

売掛金**回収までの期間（サイト）が長い**と、当然、この影響がもっと**顕著**になります。つまり左のB/Sの中にある、**売掛金の中身が1ヶ月前の分と、2ヶ月前の分と…複雑**になります。

この事は、本章の終わりの「解説1」と「解説2」で再び取り上げますが、お金が入ってこないのに利益が出て、それに税金がかかるのです。

※今回の仕訳　（借方）　売掛金　100　／（貸方）　売　上　100

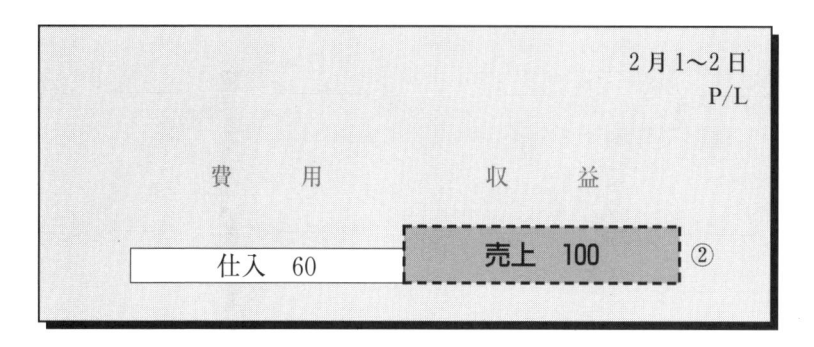

	2月1〜2日 P/L
費　　用	収　　益
仕入　60	売上　100　②

2月 Action3/3 給料を払い,2月の月次決算をする

3月 4月 5月 6月 7月 8月 9月 10月 11月 12月 13月

2月の最後に,給料を現金で30万円支払いました。すると下の現金出納帳のように,出金の欄に30万円と書き,現金の残高が,何と最低の20万円となってしまいました！　これで2月の月次決算します。

NO.	日　付	摘　　　　要	入金	出金	残高
①	2月1日	現金60万円で商品1個仕入		60	50
②	2月2日	商品1個100万円で掛売りした	0		50
③	2月28日	給料30万円を現金で支払った		30	20
		2月入出金合計	0	90	

この瞬間,B/Sは下のように,**現金が30減って20**になりました。

一方,右ページのP/Lは,**給料の30が『費用』**になりました。

これは1月のP/Lとまったく同じです。だから利益も1月と同じ10です。

1月と同じように売って,**同じ利益10なのに,なぜお金が,最低の20になってしまったのでしょう？**

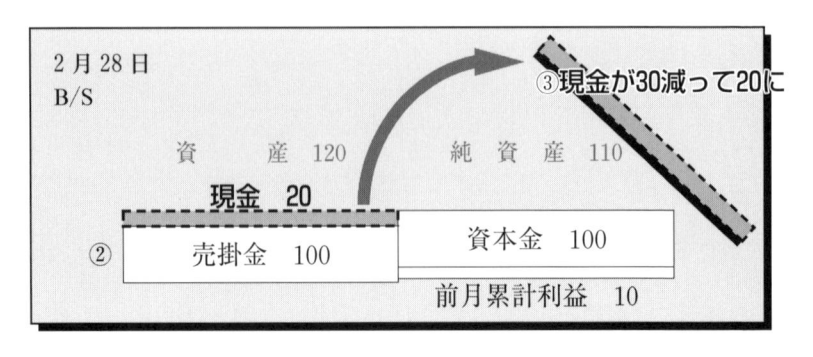

```
2月28日
B/S

                                      ③現金が30減って20に
　資　　産　120　　　　　　純　資　産　110
　　現金　20
②　　売掛金　100　　　　　　資本金　100
                              前月累計利益　10
```

第 2 章　売掛金の発生と回収

それは，左ページの現金出納帳を見てみると…入金合計は 0 円，出金は 90 万円となり，大幅にお金が減ったことがわかります。

原因は掛売りだったからです。もしも，②の取引が現金取引なら 100 万円の入金があり，今頃，現金の残高が 120 万円となっていたことでしょう。

> この様に，売掛金の増加は，資金が足らなくなる原因なのです。
> 詳しくは次の項目でまとめますが，ワカ社長は売掛金の増減に注意を払わねばならないのです。

しかし今月も儲かって，資金も回ったのでよかったですね，ワカ社長。

※今回の仕訳　（借方）　給　料　30 ／（貸方）　現　金　30

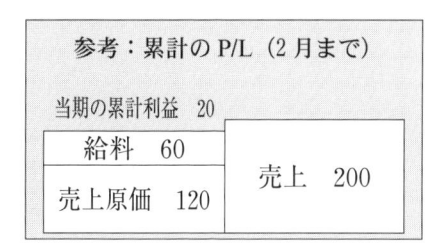

参考：累計の P/L（2 月まで）

当期の累計利益 20

費用	収益
給料　60	売上　200
売上原価　120	

さて，左に 2 月までの累計の P/L を表示しました。1 月（29 ページ）とパラパラ比較してみましょう。

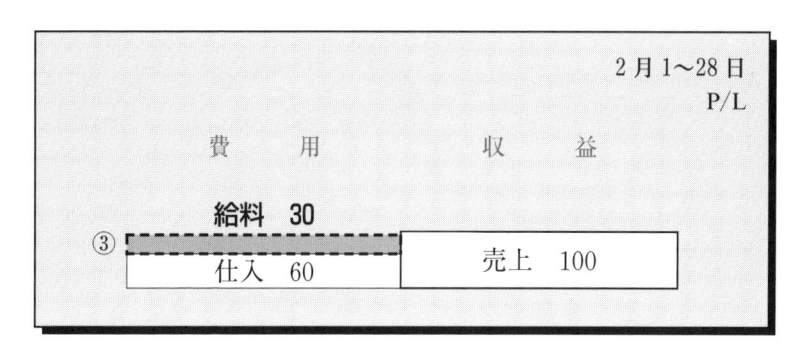

2 月 1〜28 日
P/L

費　用	収　益
給料　30	
③ 仕入　60	売上　100

3月
Action 1/2 先月の売掛金 100万円を現金で回収した

|4月|5月|6月|7月|8月|9月|10月|11月|12月|13月|14月|

3月になりました。まず先月売った代金の売掛金100万円を集金しました。すると、下の現金出納帳の入金の欄に100万円と書き、現金の残高が120万円になりました。

NO.	日 付	摘　　要	入金	出金	残高
	2月2日	商品1個100万円で掛売りした	0		50
	2月28日	給料30万円を現金で支払った		30	20
①	3月1日	売掛金100万円を現金で回収	100		120

やっとお金が入ってきたぁ‥‥

現金売りなら2月2日にお金が入ってきて、悠々に給料を支払えたのに、冷や冷やしました。

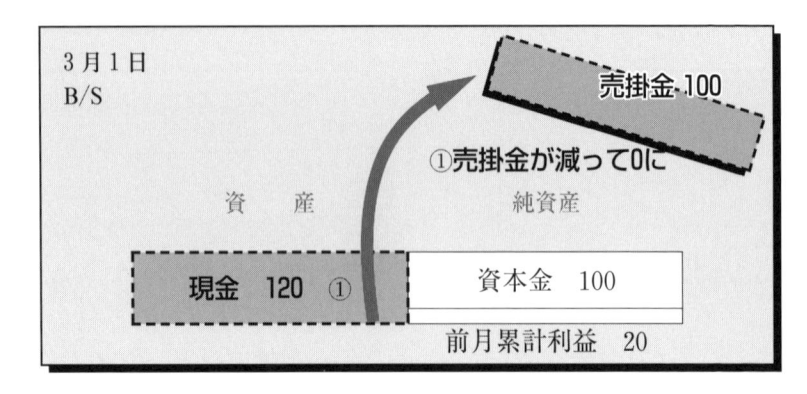

さて、この瞬間、下のB/Sは**売掛金**という『**資産**』が**100減って**、代わりに**同額だけ**現金という、同じく『**資産**』が**増えました**。

```
3月1日
B/S
                                          売掛金 100

                        ①売掛金が減って0に

     資　産                    純資産

   現金  120   ①           資本金   100
                          前月累計利益  20
```

36

しかし，P/L は下のように，変わりません。**売掛金を集金してきても『収益』にはならない**のです。

なぜなら，それは先月に売上としてすでに，『収益』になっているからです。

> つまり売掛金が増えるということは，売上に相当するお金が入ってこないので資金は不足します（2月2日の取引）。これを「お金が寝る」と表現することもあります。
>
> 逆に，今回のように売掛金が減るということは，その分を集金したことになるので，資金が増えるのです（今回：3月1日の取引）。

ワカ社長は，この経験から，しばらく掛売りは見合わせることにしました（もちろん，この意思決定が正しいとか間違っているとかを問題にしているのではありません。）。

※今回の仕訳　（借方）　現　金　100　／（貸方）　売掛金　100

```
                                              3月1〜1日
                                              P/L

        費　　用              収　　益

            0                     0
```

3月
Action2/2 1月と同様の取引をして3月の月次決算をする

4月 5月 6月 7月 8月 9月 10月 11月 12月 13月 14月

これ以降の取引は1月・2月と同じなので，下の現金出納帳にもまとめて書きました。

すなわち②商品60万円を仕入れ，③100万円で売り，④給料30万円を支払い，現金残高が130万円になって，3月の月次決算を迎えました。

NO.	日　付	摘　　　要	入金	出金	残高
①	3月1日	売掛金100万円を現金で回収	100		120
②	3月2日	現金60万円で商品1個仕入		60	60
③	3月3日	商品1個100万円で現金販売	100		160
④	3月31日	給料30万円を現金で支払った		30	130
		3月入出金合計	200	90	

これらの取引で，下のB/Sの**現金は，③で100増え，②と④で90減ったので，差し引き現金が10増え130になりました。**

このように，**現金出納帳は，B/Sの現金の「明細」なのです**（そして157～159ページで学ぶように，キャッシュ・フロー計算書でもあるのです。）。

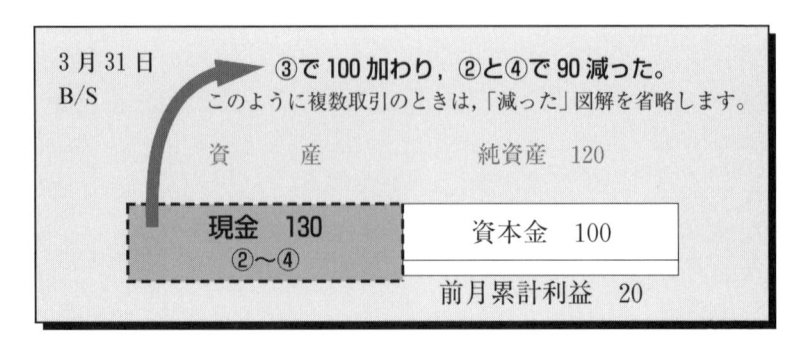

3月31日
B/S

③で100加わり，②と④で90減った。
このように複数取引のときは，「減った」図解を省略します。

資　　産	純資産　120
現金　130 ②～④	資本金　100
	前月累計利益　20

第2章 売掛金の発生と回収

一方，P/L は②が仕入で，③が売上，④が給料となりますから，『収益』と『費用』は1月・2月とまったく同じです。だから差額の利益もまったく同じ10になります。

> 実は，P/L はこの後，8月までまったく同じ売上で，利益も10万円が繰り返されます。それなのに『経営している感覚』（経営の余裕感）はまったく異なったものになります。
> ワカ社長と共に，是非この感覚を味わってみて下さい。

さて今月（3月）は，**利益が10なのに，お金がたっぷり**あります。左の現金出納帳の合計を見ると，入金合計は，200ですが，P/L の『収益』は100です。

その差は，もうおわかりですね。①の売掛金の集金です。

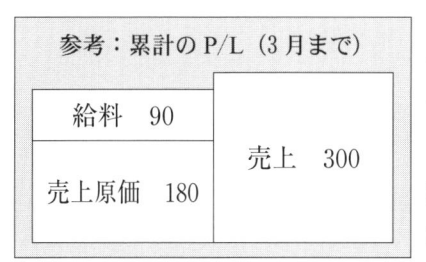

参考：累計のP/L（3月まで）

給料 90	売上 300
売上原価 180	

これは先月の『収益』に上がっているので，今月は集金によって現金が増えただけなのです。

だからワカ社長。**お金が増えたからといって今月の成績がよかったとは限らない**のですよ。

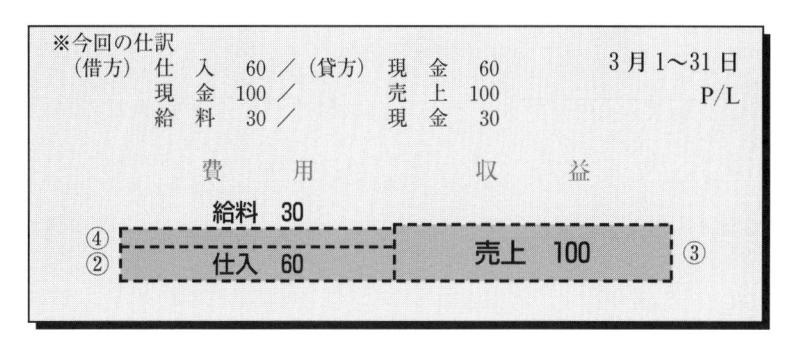

※今回の仕訳
(借方) 仕　入　60 ／ (貸方) 現　金　60
　　　 現　金 100 ／　　　　売　上 100
　　　 給　料　30 ／　　　　現　金　30

3月1〜31日
P/L

費　用	収　益
給料 30	
④ 仕入 60	売上 100 ③
②	

❖ 解説1. いつ「売上」になるのか？ ❖

(1) 売ったのはいつか？

　最も初歩的な問題が、いつ「売上」になるかです。スタートからズレていては、お話にならないのですが、**現実にはこの手の勘違いが多く発生**していて、よく問題になります。

　先日も農協に9月に米を「出荷」している方が、「12月に売上があります」とお答えになったことからこの原稿を書こうと思った次第です。「12月に農協から入金があるので、売上は12月と思っていた」とのことでした。

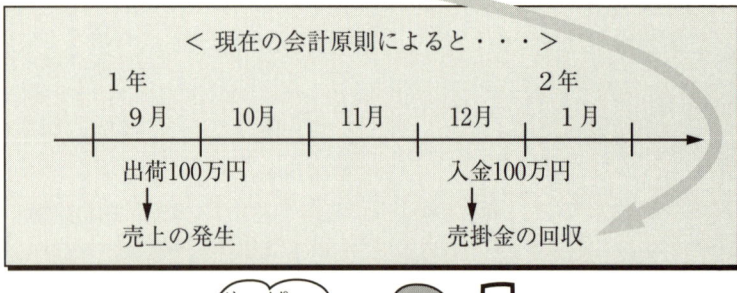

＜現在の会計原則によると・・・＞

```
   1年                              2年
   9月    10月    11月    12月    1月
───┼─────┼─────┼─────┼─────┼───→
   │                             │
  出荷100万円                   入金100万円

  売上の発生                   売掛金の回収
```

　「会計」の世界では「売った」時点で売上を計上します（発生主義）。では「売った」時点はいつのことなのでしょう。それは現金を貰った時点（現金主義）ではないのです。農協への売上の例では、売ったのは、**農協に出荷した日**なのです。

第2章　売掛金の発生と回収

現金商売の場合には、サービスの提供や商品の「引渡しを行い」、同時に現金を受領しますから、この時に売上を計上すれば問題がありません。

しかし**掛売りの場合は、入金は後になりますので、サービスの提供や商品の「引渡しをした時」**に売上を計上するのです。

(2) なぜ、そうするのか？

たとえば、先程の農協の例で、入金がたまたま遅れて、翌年1月になったとしましょう。入金のあったときに売上とする現金主義では、1年目は売上0円となります。そして2年目は、その年の売上代金は順調に12月に入金されたとすると、下の図のように、2年目は2年分の入金となり、それがそのまま売上になってしまいます。

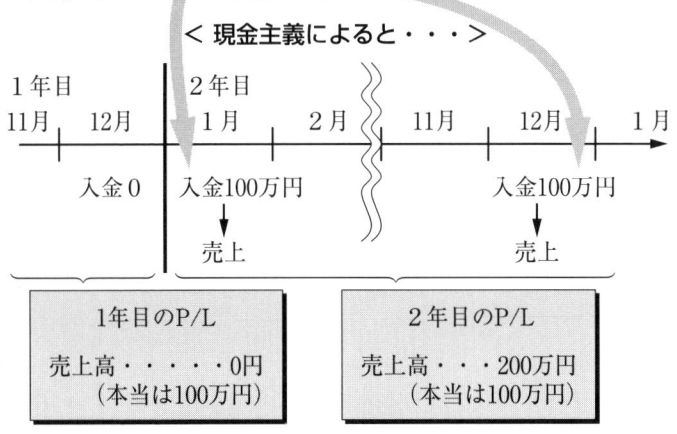

< 現金主義によると・・・ >

```
 1年目           2年目
11月  12月    1月   2月  〜〜  11月   12月    1月
 ─┼────┼─────┼────┼─〜〜─┼─────┼──────┼──→

 入金0      入金100万円           入金100万円
               ↓                    ↓
              売上                  売上
```

1年目のP/L	2年目のP/L
売上高・・・・・0円	売上高・・・200万円
（本当は100万円）	（本当は100万円）

もしこのP/Lで判断するなら1年目はサボっていて2年目は頑張ったという判断がされてしまいます。**同じように働いたら同じ収益**にならないと「会計」では役に立ちません。だから**集金に関係なく発生時に売上**にするのです。

しかし、そのために別の弊害も出てしますのです。次にそれを見ましょう。

❖ 解説2. 理論的でも，納得できない感情 ❖

(1) やっぱり現金が入らないと，売上っていう感じがしない

前のページでお話したことは，現代の会計の基本中の基本になることです。これを難しい言葉ですが「**期間損益の適正化**」といいます。

つまり，「1年間という期間の利益はどれだけか」ということを正確に測定するためにどうしたらいいかを，突き詰めて考えた結果，現代の会計学の基本になっている原則なのです。

この後に出てくる多くの項目が，この「期間損益の適正化」のための「会計」の技術的概念ですから一般の**経営者**にはわかりにくいのです。

ですから「お金も入っていないのに売上とは…」**"勘定"はそうなっても"感情"が「うん！」といわない**というのが正直なところです。「第一，売上にされたって，お金がないから，そこから給与も支払えないじゃないか」といった不満が聞こえてきます。

これが一番現れるのが年度末決算のときです。売ったとされても**集金できないのに，その売れた分の利益について，何と現金で税金を払わねばならない**のです。会計に詳しくない多くの経営者は，税理士に不満をもらします。

売上の発生したときと**入金までの時間がもっと長い**，たとえば建築業など場合はもっと大変になります。実務ではさらに**分割払い**やエピソードの22月で出てくるように**手形**でもらうと，さらに現金になる日は遅くなりますから，仕入先や外注への支払が大変になるのです。

(2) さらに勘違いを起こす源

やっぱり，「現金」という物の「**現物の存在感**」というものは相当な

ものがあります。無理もありません。何のかんのといっても世の中は「お金」，つまり現金で動いているということは，肌身に感じているからです。

したがって，「売上は現金入金時ではなく，引渡し時点，つまり発生時だ」と頭で理解していても，**ついつい勘違い**を起こすことがあります。たとえば次の表のように売上と入金の間が1ヶ月というごく普通の取引の場合でも，月毎の売上は変動するものですから，錯覚に陥ることがあります。

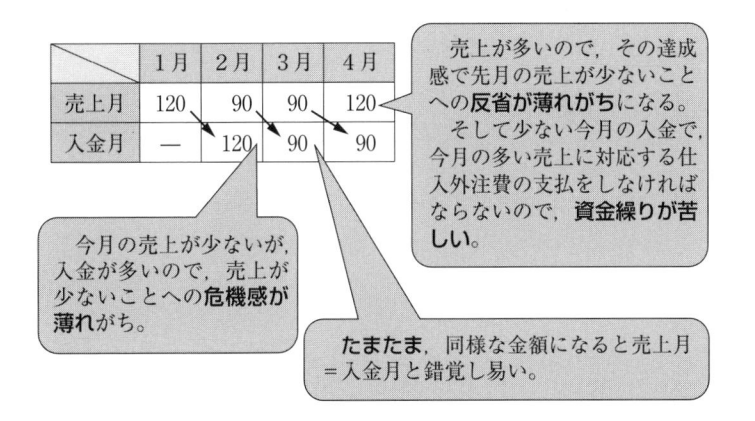

	1月	2月	3月	4月
売上月	120	90	90	120
入金月	—	120	90	90

売上が多いので，その達成感で先月の売上が少ないことへの**反省が薄れがち**になる。
そして少ない今月の入金で，今月の多い売上に対応する仕入外注費の支払をしなければならないので，**資金繰りが苦しい**。

今月の売上が少ないが，入金が多いので，売上が少ないことへの**危機感が薄れがち**。

たまたま，同様な金額になると売上月＝入金月と錯覚し易い。

この原因は「**売上（売掛金）」は目に見えない**のに「**現金」は目に見える**ために現金を基準と考えてしまう**悪い意味でのキャシュ・フロー経営**だったり，**営業こそ経営の柱**との思いから，**売上達成の充実感に意識が偏り，回収から目が離れる**ことで引き起こされます。これがエピソードの2月・3月です。

現実には，この売上の増減によるズレと，仕入や外注も通常は翌月払いや支払手形が入ってきますから，**入金側のズレと出金側のズレが重なり合って経営者の感覚を翻弄させ**ます。まるで同時に別方向から津波がやってきたようなものです。

では次の解説では，「仕入」を見ていきましょう。

第3章 在庫の発生

4月

これまでは、**仕入れた商品はすべて売り切ってしまいました**。しかし現実には、継続して販売するためには、在庫が必要です。

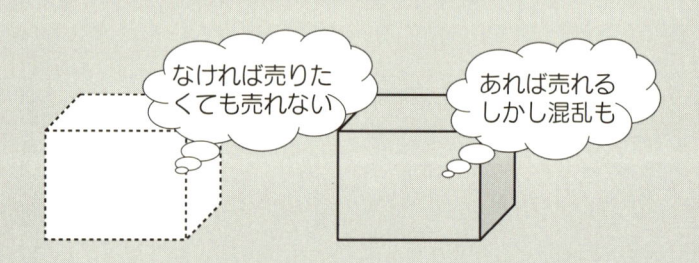

> なければ売りたくても売れない

> あれば売れるしかし混乱も

3ヶ月の経営で利益が蓄積されてきたので、現金の余裕もできてきました。ちょうどそんな頃、右ページのイラストのような、仕入先の「**まとめ買いキャンペーン**」が始まりました。

そこでワカ社長は「**2つ仕入れると海外旅行招待**」なので、「**腐る物でもないから…**」と、買うことにしました。

これによってB/SとP/Lは、どう変化していくのでしょうか？

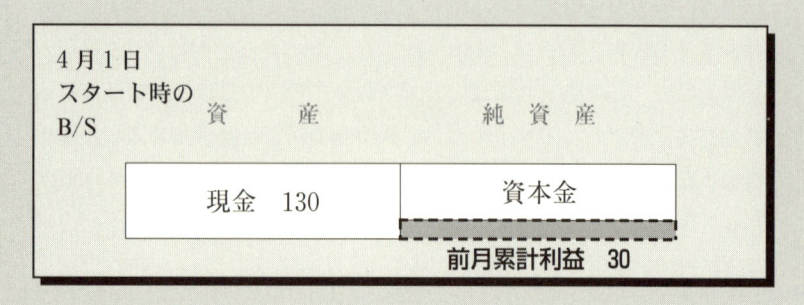

4月1日 スタート時のB/S	資 産	純 資 産
	現金　130	資本金
		前月累計利益　30

第3章　在庫の発生

在庫が登場すると，会計は途端に複雑になってきます。
このため，**会計的な知識**が必要とされてくるところです。

そして，それ故に，かく乱されやすいので注意したいところです。ワカ社長も苦労します。
では，ご一緒に，この**苦労を味わって**みましょう。

> 社長！
> 順調な御社なら
> 大丈夫ですヨ。
> この機会にぜひ
> まとめて買って下さい！

ハワイ
ご招待
キャンペーン
2個お仕入で

2個　120万円
旅行代▲30万円
実質　90万円

費　　用	収　　益	4月1日 スタート時の P/L
0	0	

4月
5月 6月 7月 8月 9月 10月 11月 12月 13月 14月 15月

Action 1/3 　現金120万円で,(来月分も含めて)商品2個仕入れた

4月になりました。これまで，1個ずつ仕入れてましたが，**2個仕入れる**ことにしました。

下の現金出納帳のとおり，2個で120万円を出金すると，現金残高は，創業以来最も少ない10万円になってしまいました。

NO.	日 付	摘　　要	入金	出金	残高
	3月31日	給料30万円を現金で支払った		30	130
①	4月1日	現金120万円で商品2個仕入		120	10

無理して買ったため，手持ちの現金が10万円にまでなってしまった。「今，ここで何か起こったら，即倒産かもしれないなぁ～。」とワカ社長。

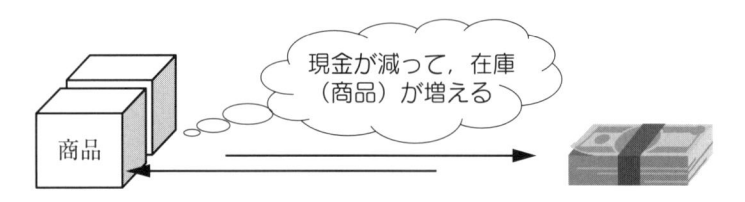

現金が減って，在庫（商品）が増える

この結果，下のB/Sで**現金が120減って，10**になってしまいました。

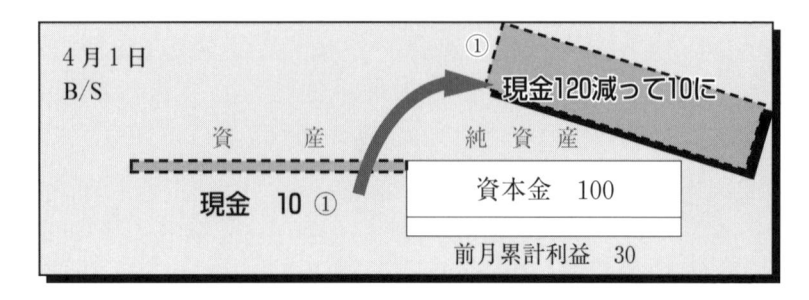

```
4月1日                    ①
B/S                         現金120減って10に

      資　　産            純資産
                        ┌─────────────┐
                        │ 資本金　100 │
   現金　10 ①           ├─────────────┤
                        │ 前月累計利益　30 │
```

一方，P/L は **120** が仕入になりました。

ここからは次のページに進むための予習です。さっと見ましょう。

上記で仕入れた2つともが売れてしまえば，売上原価は120万円ですネ。しかし，1つしか売れないとどうなるでしょう？

> 売上原価にすべき金額は，売上げた商品の仕入原価であるはずです。
> したがって売上原価は60万円となります。
> これを「費用収益対応の原則」といいます。

では，売れ残った商品は，どうするのでしょう？　答えは，
(1) 仕入時に一端，仕入という『費用』にしたのを取り消して
(2) 商品という『資産』に変更してやるのです。
つまり，(1) で P/L から減らされ，(2) で B/S に載ります。
これを，今月に体験して頂きます。
それでは，いよいよ次のページに進みましょう！

※今回の仕訳　（借方）　仕　入　120　／　（貸方）　現　金　120

	4月1～1日 P/L
費　用	収　益
① 仕入　120(2個)	0

4月
Action 2/3 現金100万円で商品1個を売り、給与を支払った

2つ仕入れたうち、1つ売ったので②入金に100万円と書き、③給料の支払で、出金に30万円と書き、現金の残高は80万円となりました。

NO.	日 付	摘　　　要	入金	出金	残高
①	4月1日	現金120万円で商品2個仕入		120	10
②	4月2日	商品1個100万円で現金販売	100		110
③	4月30日	給料30万円を現金で支払った		30	80

この結果、下のB/Sは**現金が、②で100増えて、③で30減ったので、差し引き70の増加で80**となりました。

このように、B/Sの現金は上の現金出納帳と同じになりますから、以降の、現金の明細の説明は省略して、差引き増減だけにしますね。

(B/S、P/Lともにパラパラ比較をお忘れなく、簿記は実技ですから繰り返しが大切なのです。)

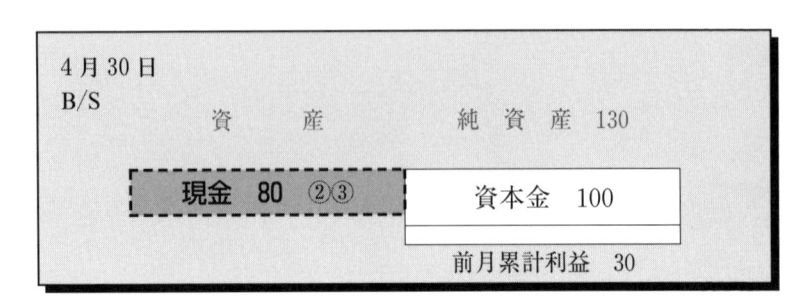

```
4月30日
B/S
         資　　産              純資産 130

       現金 80  ②③           資本金  100

                              前月累計利益 30
```

第3章　在庫の発生

一方，下のP/Lでは，②で**売上100**，③で**給料30**が発生しました。

その結果，P/Lでは『費用』が合計で150，『収益』が100となり，差し引き50の赤字となってしまいました。

しかし，このP/Lは正しいのでしょうか？

よく考えると，売上1個分の100に対する，売上原価は，その1個分の仕入原価60であるはずです。

しかし下のP/Lでは2個分の仕入が載ってしまっています。おかしいですよね。

確かに，今月は，2つ仕入れたので，仕入れたのは120です。

これが2つとも売れたのなら，そのまま120を，売れた分の仕入，つまり「売上原価」としても良いでしょう。

> しかし，現実には1個しか売れなかったので，売れた分の仕入（売上原価）は60で，残りの1個は，売上原価ではないはずです。

そこで，次のページの月次決算で，棚卸して修正します。

これを「決算修正」といいます。

※今回の仕訳　（借方）　現　金　100　／（貸方）　売　　上　100
　　　　　　　　　　　　給　料　 30　／　　　　　現　　金　 30

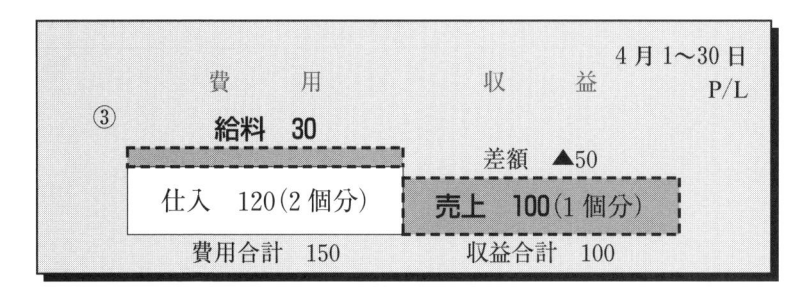

```
                                              4月1〜30日
          費　　　用              収　　益        P/L
③      給料　30
                                差額　▲50
      仕入　120（2個分）      売上　100（1個分）
      費用合計　150            収益合計　100
```

4月 Action3/3 　5月 6月 7月 8月 9月 10月 11月 12月 13月 14月 15月

4月の月次決算のため，棚卸をした

さあ！　いよいよです。4月の月次決算のために，**棚卸**をしました。

つまり在庫の確認です。

その結果，売れ残りの商品が1個（60万円）あることが分かりました。

棚卸は，現金が動きませんので，入金も出金も書きませんが，『こういう事実があった』として書いておきました。

（本来の現金出納帳では書きませんが…）

簿記では，これも「取引」というのです。

NO.	日　付	摘　　　要	入金	出金	残高
③	4月30日	給料30万円を現金で支払った		30	80
④	4月30日	**棚卸をすると商品1個があった**	—	—	80

この時，下のB/Sでは，**残った商品60を『資産』として載せます。**

※今回の仕訳　（借方）　商　品　60　／　（貸方）　仕　入　60

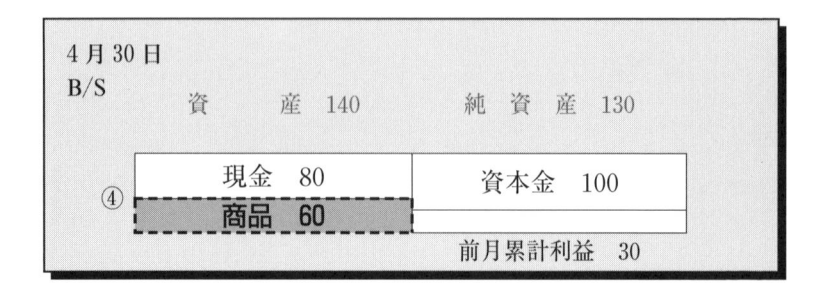

```
4月30日
B/S         資　　産　140        純　資　産　130

        現金　80              資本金　100
 ④      商品　60
                              前月累計利益　30
```

一方，P/L では下のように，**仕入を 120 から 60 に修正**します。

こうして，売れた分の原価（売上原価）を 120 − 60 = 60 とします。

すると，『収益』が売上の 100 に対して，『費用』が仕入（売上原価）の 60 と，給料の 30 の合計 90 ですから，差し引き利益は 10 となります。

この P/L は，毎月 1 個 100 で売って，給料を 30 支払ったという，1 月～3 月とまったく同じですよね。

> 違うのは今月は 2 個仕入れたので，1 個残ったということだけ。
> もし，これが 1 個しか仕入れなければ…その分，現金が減らずに B/S の現金が 140 になっていたことでしょう。

参考:累計の P/L （4 月まで）

費用	収益
給料　120	売上　400
売上原価　240	

<参考>このように，**棚卸をすることによって，利益が正しくなります。**

だから，棚卸のカウントや商品の評価は大切です。従業員は，このことがわからず適当にやりがちです。これは私が従業員だった頃の反省です。だって**棚卸って面倒な作業**ですからね。さらに，**棚卸作業自体は利益を生まず残業手当が増える**くらいなので，**実務では年に一度しか行わない場合も多い**のです（4 ページ後の〈参考〉に続く。）。

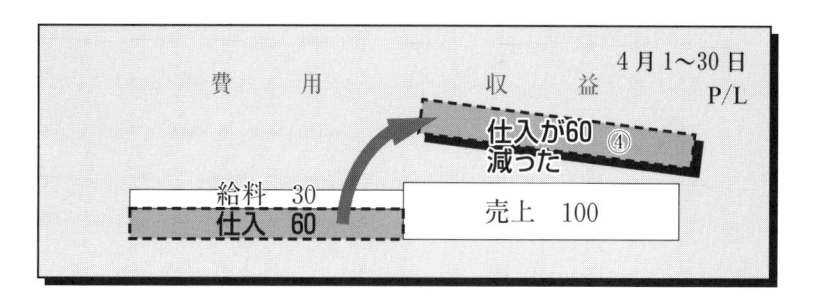

4 月 1～30 日 P/L

費用	収益
給料　30	売上　100
仕入　60	

仕入が 60 減った ④

5月 Action1/5 仕入れず、現金100万円で在庫1個を売り、給与を支払った

5月になりました。今月は既に在庫の商品があるので、仕入をしないことにしました。

したがって今月の取引は、下にあるように①現金100万円で売った。②給料30万円を支払った。すると、現金の残高は150万円となりました。

NO.	日 付	摘　　要	入金	出金	残高
	4月30日	給料30万円を現金で支払った		30	80
①	5月2日	商品1個100万円で現金販売	100		180
②	5月31日	給料30万円を現金で支払った		30	150

この結果、下のB/Sは、**①②の取引で現金が差し引き70増えて150**となりました。

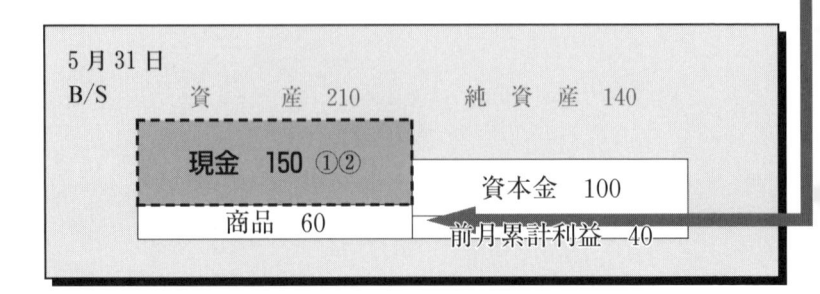

```
5月31日
B/S      資　産 210        純資産 140

    現金 150 ①②
                         資本金 100
    商品  60
                         前月累計利益 40
```

第3章 在庫の発生

一方，P/Lでは奇妙なことになっていますね。

①で売上が100，②で給料が30発生したので，このままでは，利益は差額の70となってしまいますが，これは正しいのでしょうか？

確かに，お金の動きだけを見ていると，そのとおりですが，下のP/Lでは**売上があるにもかかわらず，売上原価がありません。**

今月（5月）は先月の在庫があるので仕入れませんでした。しかし売上はあるので，60が売上原価であるはずです。

> 下のP/Lでは，その売上原価がありませんから，あたかも差額70が利益であるかのように見えてしまうのです。

一方，左のB/Sでは，売ってなくなったはずの商品が残っています。

そうですネ。今度はB/Sにある商品を，P/Lに持ってきてやればよいのです。

さあ，これを次ページの決算修正で行います。

※今回の仕訳　（借方）　現　金　100 ／（貸方）　売　上　100
　　　　　　　　　　　給　料　 30 ／　　　　　現　金　 30

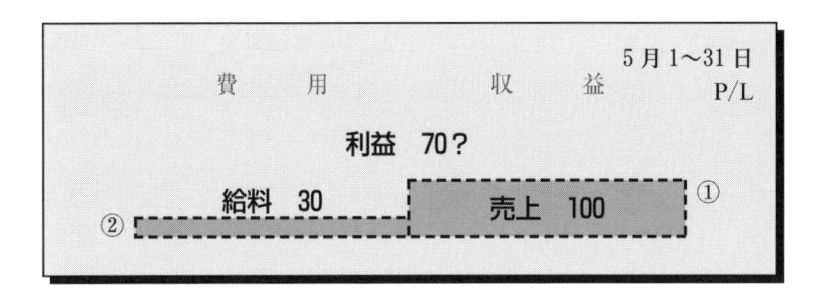

		5月1〜31日
費　　用	収　　益	P/L

利益　70？

② 　　給料　30　　　　売上　100　①

53

5月 Action2/5
6月 7月 8月 9月 10月 11月 12月 13月 14月 15月 16月
棚卸をして5月の月次決算をした

さあ，5月の月次決算のために棚卸をします。

4月の棚卸と異なるのは，今月は棚卸をした結果，『在庫はゼロ』だったとわかることです。そこで，その事実（取引）を下に書きました。

NO.	日 付	摘　　　要	入金	出金	残高
②	5月31日	給料30万円を現金で支払った		30	150
③	5月31日	棚卸をすると商品は0だった	—	—	150

その結果，下のB/Sの『資産』から**商品60を減ら**します。

一方，右ページのP/Lの『費用』に**仕入として60を載せ**ます。

これは何か奇妙な感じがしますね。

「仕入」勘定では，今月は仕入れをしていないのに，「仕入」が増えるから変な感じがするのです。

種明かしをすると，これは「**仕入勘定の場所を借りて，売上原価の計算をする**」からなのです。

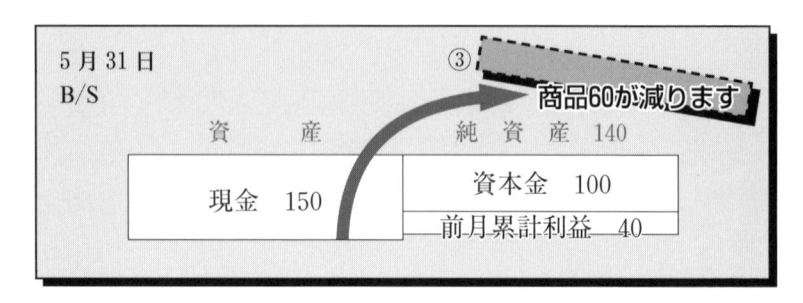

5月31日
B/S

③　商品60が減ります

資　　産	純資産　140
現金　150	資本金　100
	前月累計利益　40

ここでは、実務の慣行に従って、「仕入」勘定で売上原価を計算しましたが実は、いろいろなやり方があります。「仕入」勘定が嫌なら、別に「売上原価」勘定を作って、同じ作業をしてやっても良いのです。

> それを「仕入」勘定の場所を借りて計算（表示）したのです。
> そして、このことが、社長にとってわかりにくくなっている原因の1つなので、あえて説明しておきました。

こうして今月もまた、これまでと同じ利益、10 が出ました。

さて、**棚卸があると、このように大変複雑**になりますので、これ以降は**在庫のない状態**で進めていきます（これは下の＜参考＞のように**棚卸高に変化のない場合と同じ**と考えることもできます。）。

＜参考＞（4ページ前からの続き）棚卸は面倒ですから、**実務では年一度が多い**のです。しかし、この会社のように1個と2個では倍違うのですが、実務ではそんなことは滅多になくて、ある規模の企業なら全体として見れば、**在庫は一定で変化がないと仮定すれば、仕入れた分＝売れた分（売上原価）と考えることができます**。そうすれば棚卸をしなくても**大体の粗利益が毎月わかる**のです。だからこそ仕入れを『資産』の増加とせず『費用』の発生にするのです。

※今回の仕訳　（借方）　仕　入　60　／　（貸方）　商　品　60

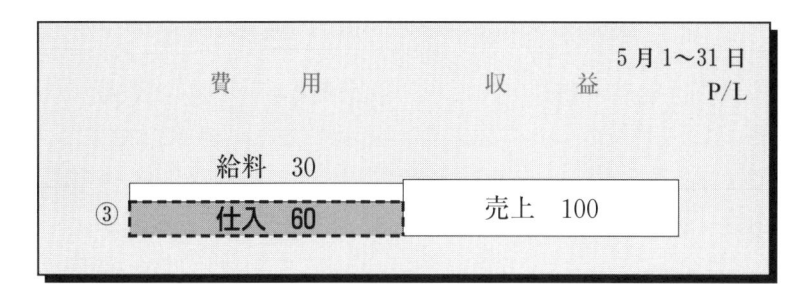

	費　　用	収　　益	5月1〜31日 P/L
	給料　30		
③	仕入　60	売上　100	

❖ 解説3. 仕入がなぜ全部『費用』にならないのか？ ❖

(1) 期末に一気に仕入れて税金を安くしようとする，誤まった社長

本来は仕入は商品という『資産』の増加で『費用』ではありません。

それなのに，仕入時点で，全額費用として P/L に載せる理由は，『費用』にしておかないと「売上」に対応する「売上原価」となる『費用』がないので，利益が 100 となってしまうからです（エピソードの 1 月）。

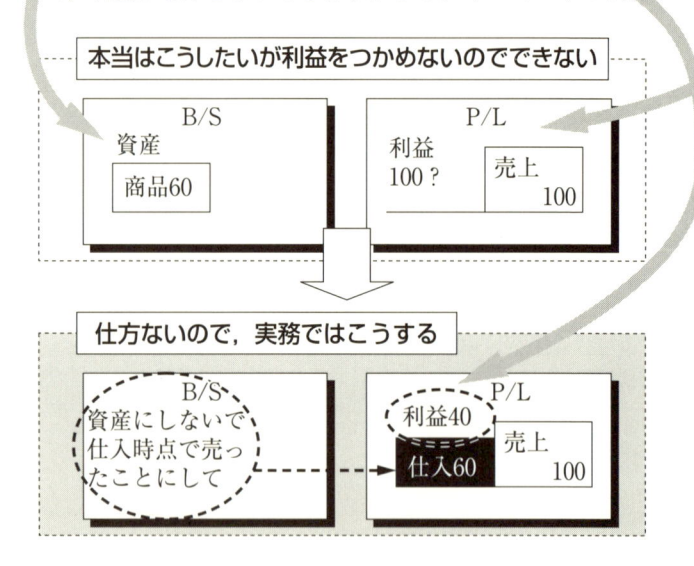

本当はこうしたいが利益をつかめないのでできない

B/S
資産
商品60

P/L
利益 100 ?
売上 100

仕方ないので，実務ではこうする

B/S
資産にしないで仕入時点で売ったことにして

P/L
利益40
仕入60
売上 100

しかし「仕入＝費用」とすると，利益が多くなった期末に「節税のために仕入を増やす」といった間違った行動を誘発しやすくなります。

(2)「棚卸在庫は利益だ！」となぜいうのですか？

こういった過ちを犯さないように，社長仲間の会話で「棚卸は利益だ

第3章　在庫の発生

からな〜」とよく話されます。直観的にいっている方が多いようです。それは「仕入がすべてに費用にならない」というのと同じです。

経理処理では，先にお話したように仕入をしたときに費用とします。

けれどもこれは，あくまでも仮処理なのです。

しかしこの仮処理でまずいことも起こります。企業は常に売上分の仕入をするとは限りません。売上以上の仕入をすると，下図のように一見赤字になってしまうのです。これを扱ったのが先ほどのエピソードの4月です。

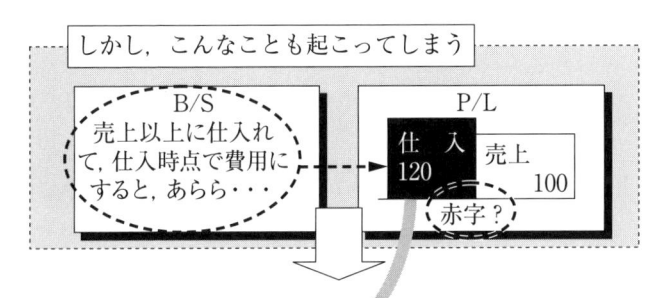

しかし，こんなことも起こってしまう

B/S
売上以上に仕入れて，仕入時点で費用にすると，あらら・・・

P/L
仕入 120 ／ 売上 100
赤字？

そこで，重要な決算手続として，「**実地棚卸**」を行います。つまり決算時点で売れ残った在庫は仕入から除外して，貸借対照表に期末在庫として『資産』に計上するのです。

この結果，利益が出るので「棚卸は利益になる」と社長達はいうのです。

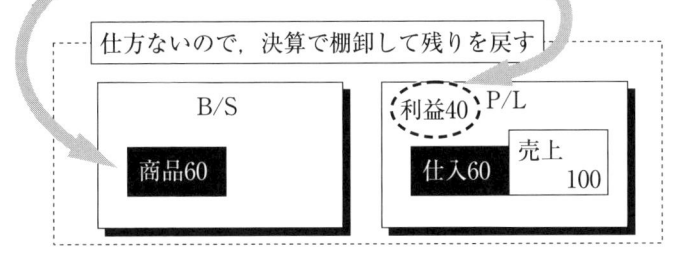

仕方ないので，決算で棚卸して残りを戻す

B/S
商品60

P/L
利益40
仕入60 ／ 売上 100

さらに期首に在庫がある場合を，次に見てみましょう。

❖ 解説 4. 売上原価のつかみ方 ❖

(1) 仕入=売上原価ではない

前のページで，棚卸を行って「仕入」から「商品」に振り替える処理をしました。この瞬間「仕入」は，本来の仕入から「売上原価」，つまり「**売れた分の仕入原価相当分**」になりました。

なぜそうするのかは，『解説 1. いつ売上になるのか』でもお話した「期間損益の適正化」という会計の基本原則だからです。つまり**仕入れた商品は，「売れるまでは売上原価ではありません」**から，売れ残った分は，売上原価となる「仕入」から外すのです。

(2) エピソードの 6 月以降で，在庫が出てこない理由

開業時を除き，期首に在庫があるのが一般的です。このとき，売上原価のつかみ方は，右ページのように会計の技術的な処理が必要になるので，難しくなります。エピソードの 4 月・5 月で簡単には説明しましたが，次の 6 月以降は在庫を 0 にしたエピソードにしました。

そうしないと，本書の目的である「意思決定の影響がどう現れるか」を，純粋にはつかめなくなってしまうからです。つまり，**意思決定に影響を及ぼす要素が重なり合っていると，何の影響でこうなるのかが見えにくくなる**からです。しかし実務では在庫があるのが当たり前ですからここで基本を勉強しましょう。

(3) 実務での売上原価のつかみ方

たとえば，小売業でお客様が棚から自由に選んでレジに持ってきた商品は，「売上」は値札があるのですぐにわかります。しかし，その商品

の仕入原価は正確な POS システムでない限りわかりません。

値札に書いてないし、いちいち仕入台帳を調べていてはお客様を待たせてしまいます。そこで実務では、下図のようにして売上原価をつかみます。

①期首棚卸　50万円

②仕入　1,000万円

③合計　1,050万円

① まず期首の棚卸が 50 万円ありました。

② 1ヶ月の仕入が 1,000 万円でした。

③ すると合計は 1,050 万円になります。

④ 1ヶ月経って棚卸をします。ここが重要です。

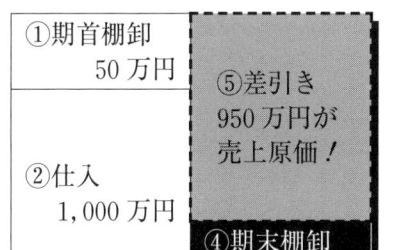

①期首棚卸　50万円

⑤差引き 950万円が売上原価！

②仕入　1,000万円

④期末棚卸　100万円

③合計 1,050万円

もしも、この 1ヶ月に **1 個も売れていないとすると、棚卸をすれば 1,050 万円になるはず**です。

しかし、棚卸の結果は 100 万円でした。

⑤ ということは③-④、つまり 1,050万円-100万円=950万円の仕入原価分は「売れたらしい」ということになります。

「売れたらしい」とは、この中には、万引き等も含まれるからです。しかし、これらも売上を上げるためには、ある程度は必要な費用なので売上原価とします。

第4章 買掛金の発生

6月 | 7月 | 8月 | 9月 | 10月 | 11月 | 12月 | 13月 | 14月 | 15月 | 16月 | 17月

これまでは、仕入は現金でしてきました。

ワカ社長も取引実績ができて、信用が付いてくると…買った時点ではなく、**翌月に支払うという「掛け仕入」ができる**ようになります。

これによって B/S と P/L はどう変化するのでしょうか？

結論からいえば、**買掛金によって利益が変わらないのに、資金が変動**します。

> 実務では、2章で出てきた「売掛金」や、3章で出てきた「在庫」が加わった3者が、同時に登場して複雑にからみ合い、社長の目をかく乱させます。

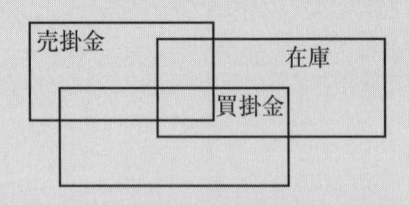

売掛金		在庫
	買掛金	

6月1日
スタート時の
B/S

資　産	純　資　産
現金　150	資本金　100
	前月累計利益　50

第4章　買掛金の発生

本書では，これを**別々に登場させて，それぞれの影響がなるべく純粋に現れるようにして**わかりやすくお伝えしているのです。

したがって，**今月からは，「在庫」がない，つまり今月仕入れた分をすべて売り切ってしまう…という非常に簡単なケースで進めます。**

それでも，段々…ややこしくなるのです。

現実には，コンビニに在庫がないことが考えられないように，必ずといっていいほど「在庫」がからんでくるので，混乱に拍車がかかるのです（では，現実にはどうしたらよいか…については本書後半のⅡで学びます。）。

参考:累計のP/L　（5月まで）	
当期の累計利益 50	売上　500
給料　150	
売上原価　300	

費　用	収　益	6月1日 スタート時の P/L
0	0	

6月 | 7月 | 8月 | 9月 | 10月 | 11月 | 12月 | 13月 | 14月 | 15月 | 16月 | 17月

Action 1/2　商品60万円を1個掛け(翌月支払の約束)で仕入れた

6月最初は，商品の仕入です。

今までは，現金で仕入れていましたが，**掛けで仕入れる**ことにしました。

したがって，下のように**60万円で仕入れても，出金はありません**から0円として，**現金の残高は変わらず**150万円です。

NO.	日　付	摘　　　要	入金	出金	残高
	5月31日	棚卸をすると商品は0だった	―	―	150
①	6月1日	商品1個60万円を掛けで仕入		0	150

この瞬間，下のB/Sは，**買掛金という，仕入先に支払わねばならない，「義務」**すなわち『**負債』が60発生**します。

> 請求書
> 来月に商品代金60万円をお支払いください。

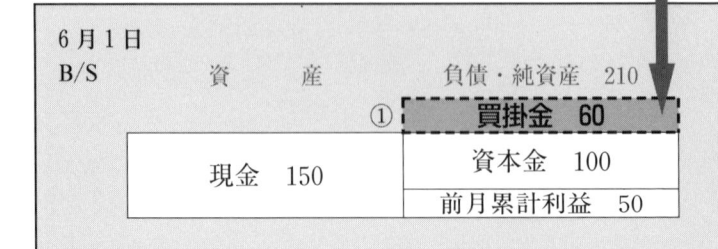

『負債』はB/Sの右側（貸方）が実家でしたね。

```
6月1日
B/S        資　　産              負債・純資産　210
                         ①    買掛金　60
           現金　150          資本金　100
                              前月累計利益　50
```

第4章 買掛金の発生

一方，P/L は下のように，**お金が出ていかなくても『費用』は発生**します。これを**発生主義**といいます。こうして**仕入が 60** となります。

※今回の仕訳 （借方） 仕 入 60 ／（貸方） 買掛金 60

<参考> 読み飛ばし OK です。
　掛け仕入の便利な点。それは現金取引と比較して考えればわかります。

1. 仕入のつど，現金支払は大変**面倒**です。
　銀行からお金を出してきて，現金を運ぶにも**危険**が伴います。
　支払のつど，お金を確認し，領収書をもらったりしなければなりません。
　これらが，月に一度の請求書の送付を待って，支払日にまとめて，銀行振込みなどで済ませられます。

　これらは，取引の相手側にとっても同様です。
　したがって，信用がある場合には，開業の当初から掛け取引が始まります。
　掛け取引は，信用取引といったりもします。

2. **仕入の時点でお金がなくても仕入れられます。**
　これが便利な反面，怖いことでもあるのです。
　　　　　　　　　　　　　ワカ社長も，後でこれに翻弄されるのです。

		6月1〜1日 P/L
費　　用	収　　益	
① 仕入 60	0	

6月 Action2/2 1〜5月と同じ取引をして、6月の月次決算をした

7月 8月 9月 10月 11月 12月 13月 14月 15月 16月 17月

6月の続く取引も1〜5月とまったく同じで、②で現金売上で100万円の入金と、③で給料の支払30万円で、現金残高が220万円です。

NO.	日 付	摘　　要	入金	出金	残高
①	6月1日	商品1個60万円を掛けで仕入		0	150
②	6月2日	商品1個100万円で現金販売	100		250
③	6月30日	給料30万円を現金で支払った		30	220

すると、この結果、下のB/Sは**現金が差し引き70増え**ました。

一方、右ページのP/Lは②で**売上が100**、③で**給与30**が発生しました。

B/S・P/L共に差額は10で、**利益が今月も10出た**ことがわかります。
しかし、お金はたくさんありますね。
なぜでしょう？

```
6月30日
B/S        資　産            負債・純資産　210
         ┌─────────────┐    ┌──────────────┐
         │                 │    │ 買掛金　60   │
         │                 │    ├──────────────┤
         │  現金 220 ②③  │    │ 資本金　100  │
         │                 │    ├──────────────┤
         │                 │    │ 前月累計利益 50 │
         └─────────────┘    └──────────────┘
```

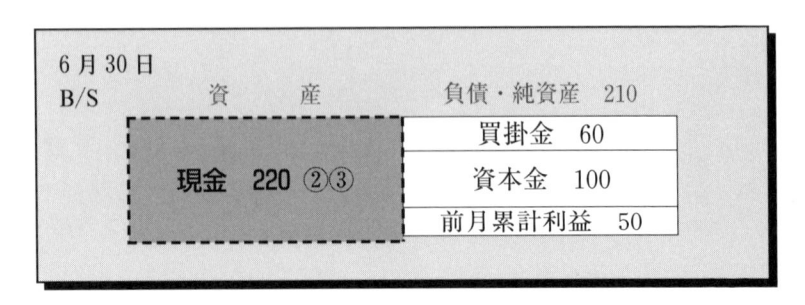

第 4 章　買掛金の発生

それは、下のP/Lでは、仕入60万円が『費用』として差し引かれているのに対して、その支払は、左ページの現金出納帳を見れば明らかなように、6月1日は掛け取引なので出金がないからです。

※今回の仕訳　（借方）　現　金　100 ／（貸方）　売　上　100
　　　　　　　　　　　　給　料　 30 ／　　　　　現　金　 30

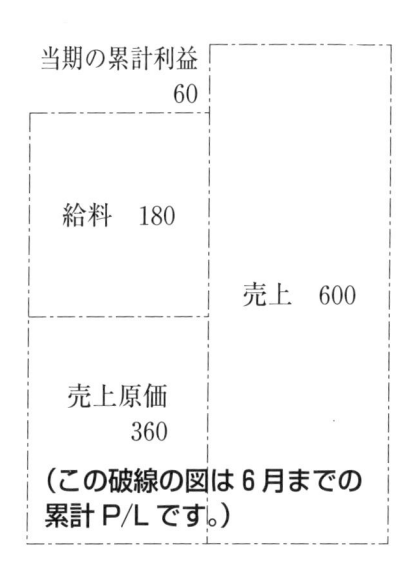

当期の累計利益
60

給料　180

売上　600

売上原価
360

（この破線の図は6月までの累計P/Lです。）

> 掛け仕入は、このように資金を生みます。しかしそれは、一時的なものです。次のページでそれがわかります。

なお、4・5月で行ったような棚卸は、在庫がありませんので、これ以降、省略します。

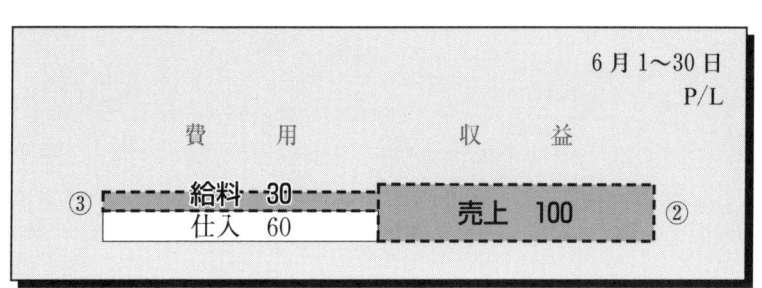

6月1〜30日
P/L

費　用	収　益
③ 給料　30	売上　100　②
仕入　60	

65

7月 Action 1/2
8月 9月 10月 11月 12月 13月 14月 15月 16月 17月 18月

買掛金支払を現金60万円でした

7月最初の取引は、先月1日の掛け仕入の代金である買掛金60万円の支払を行い、現金の残高が160万円になりました。

NO.	日 付	摘　　要	入金	出金	残高
	6月1日	商品1個60万円を掛けで仕入		0	150
	6月2日	商品1個100万円で現金販売	100		250
	6月30日	給料30万円を現金で支払った		30	220
①	7月1日	買掛金60万円を現金支払		60	160

この瞬間、下のB/Sは、『負債』の**買掛金が60減って**、同じ額だけ**現金も減り**ました。

> ここで重要なのは、当たり前ですが、買掛金はこのように、倒産や夜逃げをしない正常な経営を続ける限りは、いつかは、必ず、支払わねばならないということです。

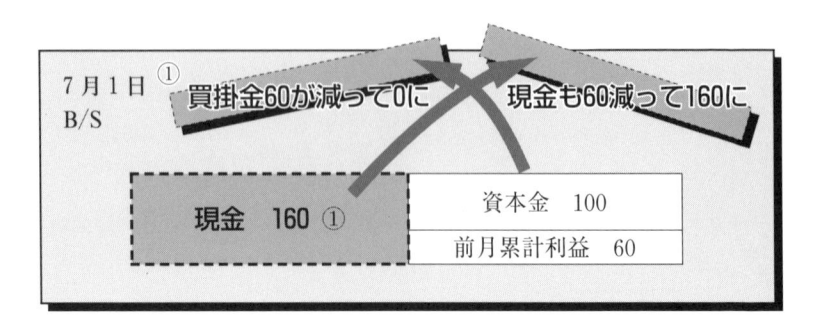

7月1日 ①
B/S

買掛金60が減って0に　　現金も60減って160に

現金　160 ①

資本金　100
前月累計利益　60

第4章　買掛金の発生

　一方，下のP/Lでは変化がありません。つまり**買掛金を支払っても，『費用』にはならない**のです。なぜなら，買掛金という『**負債**』の支払だからです。

　この分はすでに，**先月に仕入れた時点で『費用』にしている**からです。

> ここで，買掛金の影響をまとめてみましょう。
> **買掛金が増えると，その分，支払が延期されますから資金に余裕**が出てきます（6月末の現金残高は220になっていましたネ）。
> これを「お金が浮く」といいます。

> 逆に，**買掛金が減る**ということは，その分の支払をしているので，**資金は少なくなります**（これがこのページ）。

　ワカ社長は，「ややこしくなるので仕入はやっぱり現金でしよう！」と決断します。

　しかし今月売る分の商品がまだないので，次のページで現金仕入をします。

※今回の仕訳　（借方）　買掛金　60　／　（貸方）　現　金　60

```
                                           7月1〜1日
                                              P/L
    費　　　用              収　　　益

         0                      0
```

7月
Action2/2 いつもの取引を現金でして、7月の月次決算をした

7月の続きです。「いつもの取引」をしたので、まとめて書きますね。

すなわち、②で商品仕入60万円、③で販売100万円、④で給料支払30万円、この結果、現金の残高は170万円になりました。

NO.	日付	摘要	入金	出金	残高
	6月30日	給料30万円を現金で支払った		30	220
①	7月1日	買掛金60万円を現金で支払		60	160
②	7月2日	商品1個60万円で仕入れた		60	100
③	7月3日	商品1個100万円で現金販売	100		200
④	7月31日	給料30万円を現金で支払った		30	170
		7月入出金合計	100	150	

そうすると、下のB/Sは、②〜④の取引で……

現金が差し引き10増えて170となりますね。

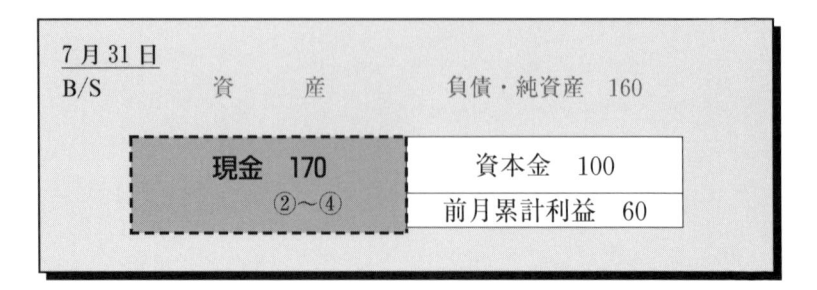

7月31日
B/S　　　資　産　　　　　　負債・純資産　160

現金　170
②〜④

資本金　100
前月累計利益　60

第4章　買掛金の発生

一方，P/L は②で仕入 60，③で売上 100，④で給料 30 がそれぞれ発生。B/S・P/L 共に差額は 10 ですから，**利益は，今月も 10** です。

さて，復習をしてみましょう。左ページの現金出納帳の合計を見ると，今月の入金は 100 万円で出金は 150 万円です。したがって，お金は先月末の残高 220 万円から▲50 万円の，170 万円になってしまいました。

しかし，**利益は 10 万円**出たのです。この**差 60 万円**は何でしょう？

原因は買掛金です。つまり…下の P/L では，仕入が②の 60 万円だけが『費用』として差し引かれています。ところが支払の方は，その②の支払が現金であるのに加えて，**先月分の買掛金の支払として，余分に①の 60 万円を支払っている**からです。

> このように，支払条件が変わると……利益は変わらないのに，資金が大きく変わります。これは売掛金と同じです。

つまり，**今月は仕入代金を 2 回支払っている**のです。前項でお話した「買掛金の減少は，資金の減少」とは，このことでもあります。

※今回の仕訳は 3 月 2 日～31 日と同じです

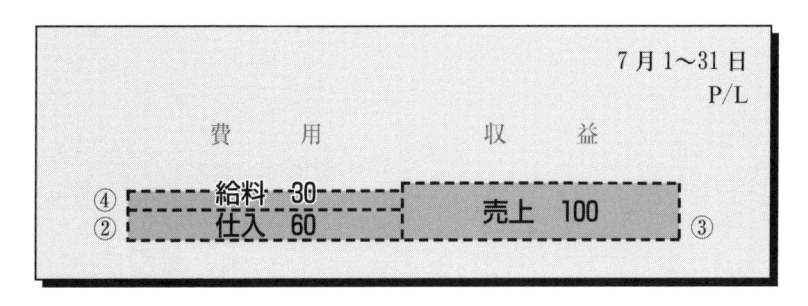

```
                                    7月1～31日
                                        P/L

        費      用            収      益

④      給料　30
②      仕入　60              売上　100       ③
```

第5章 8月 設備投資と有効活用

これまでは,「仕入れて,売って,経費を払う」という「**通常の営業循環**」の取引だけでした。

成長に伴い,設備投資をして,それを活用することで,より効率的な営業循環を作ることが必要になってきます。

ワカ社長は,幸い利益も溜まってきて,資金的にも,下のB/Sのように170万円と,余裕ができてきたので,今月には**現金でパソコンを購入**することを考えます。

これによってB/SとP/Lはどう変化するのでしょうか？

余程零細でない限りは,**設備投資**は会社設立当初に行います。
しかし,本書では各要素の影響を区分して把握するために,段階的な成長をさせています。

8月1日 スタート時のB/S	資　産	純　資　産
	現金　170	資本金　100
		前月累計利益　70

第5章 設備投資と有効活用

それだけに、現実では、いきなり設備投資の影響と、通常の営業活動とが混在することになって混乱を起こしてしまうのです。

> なぜなら設備投資は金額が大きく、それ故に利益と資金のズレも大きくなります。
> これは、会計知識の弱い社長にとって、のっけから応用問題を解かねばならない状態に追い込まれたといえるものなのです。

参考:累計の P/L(7月まで)

当期の累計利益 70	
給与 210	売上 700
売上原価 420	

設備投資とその有効活用は企業の**生死を分ける判断**が求められる場合となります。

今月は少額につき、現金で購入しますが、14月には借入金で購入することになります。

その影響の違いは重要です。**とくに開業時にはそれらが一時に発生して「応用問題」はさらに難問となる**のです。

8月1日
スタート時の
P/L

費　用	収　益
0	0

8月
Action 1/1
9月 10月 11月 12月 13月 14月 15月 16月 17月 18月 19月

いつもの取引後、月末にパソコンを買い、8月の月次決算をした

8月は、このページだけで終りです。①〜③の「いつもの取引」のあと、④100万円でパソコンを買い、現金残高は80万円です。

NO.	日　付	摘　　　要	入金	出金	残高
	7月31日	給料30万円を現金で支払った		30	170
①	8月2日	商品1個60万円で仕入れた		60	110
②	8月3日	商品1個100万円で現金販売	100		210
③	8月31日	給料30万円を現金で支払った		30	180
④	8月31日	現金100万円でパソコン購入		100	80

この結果、下のB/Sは、①〜④の取引で……差し引き、現金が90減って、170だったのが、80になります。

しかし、④でパソコン100が『資産』に載ります。

※今回の④の仕訳　（借方）　パソコン　100　／　（貸方）　現　金　100

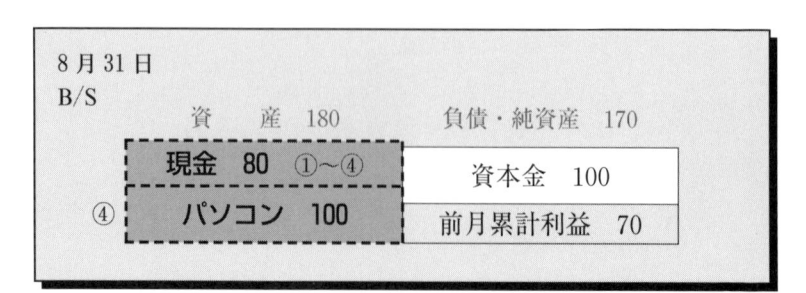

```
8月31日
B/S
        資　産　180              負債・純資産　170

    現金　80　①〜④           資本金　100

④　パソコン　100             前月累計利益　70
```

第 5 章　設備投資と有効活用

一方，P/L は①〜③でいつもの『**収益**』と『**費用**』で，利益は 10 です。
ところで，お金は 90 万円減っても利益は 10 万円です。この差 100 万円は何でしょう？

もうおわかりですね。原因はパソコンです。
パソコン 100 万円の支払は，『**費用**』にならず，B/S の『**資産**』に載るからなのです。

なお，月末に買いましたが，まだ使用を開始していないので次のページで説明する，「減価償却費」という費用も発生しません。

したがって P/L は 1 月〜8 月までと同じです。つまり毎月 10 万円利益が 8 ヶ月続きました。しかし，経営の感触はまったく違いましたよね。

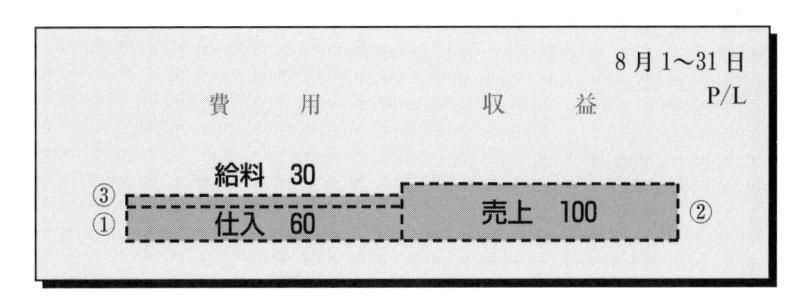

当期の累計利益　80

給料　240

売上　800

売上原価　480

（この破線の図は 8 月までの累計 P/L です。）

8 月 1〜31 日 P/L

費　　用　　　　　収　　益

③　給料　30
①　仕入　60　　　　売上　100　②

9月
Action 1/1 いつもの取引をし，9月決算で減価償却をする

9月も①〜③の「いつもの取引」をし，このページだけで終りです。

いつもと違うのは，今月から**パソコンを使い始めました**ので，④で減価償却を20万円したことです。

しかし，減価償却費は，**「お金の出て行かない経費」**という特徴がありますから，下のように出金の欄は0です。

NO.	日　付	摘　　　要	入金	出金	残高
	8月31日	現金100万円でパソコンを購入		100	80
①	9月2日	商品1個60万円で仕入れた		60	20
②	9月3日	商品1個100万円で現金販売	100		120
③	9月30日	給料30万円を現金で支払った		30	90
④	9月30日	減価償却を20万円する		0	90

この結果，B/Sは①〜③の結果，現金は，差し引き90となります。

パソコンは，減価償却の分の20だけ減るので80になります。中古になった訳ですね。こうして，毎月20ずつ減っていきます。

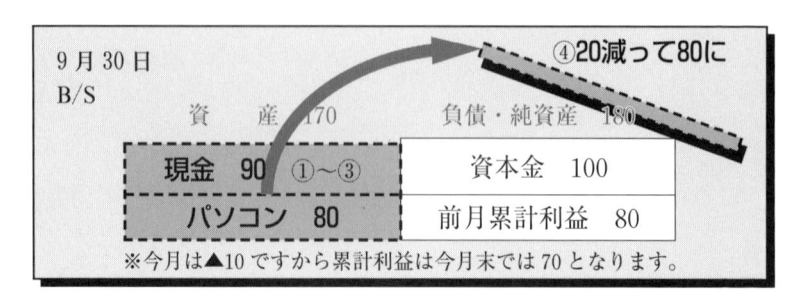

9月30日
B/S

資　　産　170　　　　負債・純資産　180

現金　90　①〜③　　　資本金　100
パソコン　80　　　　　前月累計利益　80

④20減って80に

※今月は▲10ですから累計利益は今月末では70となります。

第5章 設備投資と有効活用

一方，P/L はいつもの『収益』と『費用』の他，④で減価償却費が **20 発生**しましたので『費用』の方が『収益』よりも多くなってしまいました。

つまり，お金は 10 万円増えても利益は▲10 万円です。この差 20 万円は減価償却費です。

『勘定合って銭足らず』というのは，「利益が出るのにお金が不足する」場合をいいますが，今回は逆で，**お金が増えたのに利益が赤字**という状態に陥ってしまったのです。そこでワカ社長は「来月から売上アップを図る」と決断することになります。

＜参考＞

なお，減価償却費の計算は…パソコンの価額を耐用（使用）年数で割って算出します。つまり耐用年数が5年なら 100 万円÷5年＝20 万円です。5年掛けて価値が減っていく…それを毎回費用にするのです。

実務はこんな簡単ではありません。しかし経営者として，まずは減価償却の概念を理解すれば十分です（減価償却の解説は次ページを参照）。

ただし本書では，影響をわかり易くするため誇張し，減価償却は通常年間で 20 万円となるところを "月" 20 万円の 5 ヶ月間で償却しています。

※今回の取引のうち④の仕訳
（借方）　減価償却費　20 ／（貸方）　パソコン　20

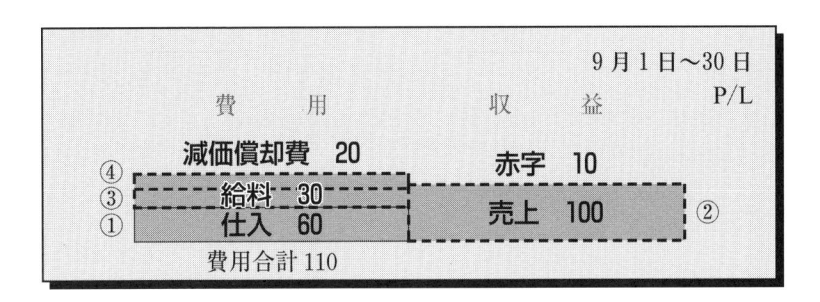

	費　用	収　益	9月1日〜30日 P/L
④	減価償却費　20	赤字　10	
③	給料　30	売上　100	②
①	仕入　60		
	費用合計 110		

❖ 解説5. 減価償却費はなぜあるのか？ ❖

(1) 減価償却とはどういう意味なのですか？

年々価値の減少する資産を減価償却資産といいます。建物，構築物，機械工具，車両，備品などをいいます。この購入価額を法律で資産やその用途ごとに定められている耐用年数に応じて，価値の減少分相当額を**費用化する手続**を減価償却といいます。

たとえば，300万円の機械を買ったとします。耐用年数が5年としましょう。本当は定率法とか定額法などといった会計上の計算技術がありますが，単純にいえば300万円÷5年＝60万円が減価償却費となります。

(2) なぜ,減価償却するのか？…その1…期間損益適正化のため

1つの答えは「期間損益の適正化」のために減価償却を行うのです。たとえば下表のように**5年間同じ努力**の結果，売上・売上原価・経費（機械以外）はまったく同じであったとしましょう。そうすると，**5年間の利益は当然同じにならなければおかしい**ですね。

しかし機械を買った1年目に購入価額すべてを費用とすると下の表のように，**1年目だけが大赤字**になってしまいます。もしそうなら，**赤字にしないために機械を買わないほうが良かったのでしょうか？**

	1年目	2年目	3年目	4年目	5年目
売上高	1,000	1,000	1,000	1,000	1,000
売上原価	700	700	700	700	700
経費(機械以外)	200	200	200	200	200
機械代金	300	0	0	0	0
利益	▲200	100	100	100	100

第5章 設備投資と有効活用

　もう，おわかりのように，機械は5年の耐用年数に渡ってずっと使うものですから，**5年間に渡って，その各年が費用を負担してもらわねば正しい利益とはならない**ですよね。

　そうすると次の表のようになります。これが減価償却費です。

	1年目	2年目	3年目	4年目	5年目
売上高	1,000	1,000	1,000	1,000	1,000
売上原価	700	700	700	700	700
経費（機械以外）	200	200	200	200	200
減価償却費	60	60	60	60	60
利益	40	40	40	40	40

> 300万円の機械を，その使用期間（耐用年数）の5年に平等に負担すると60万円。すると利益は平準化する。

(3) なぜ，減価償却するのか？…その2・買い替え資金の蓄積（再投資）のため

　上の表を見ると，減価償却費の特徴がわかります。つまり減価償却費は現金の**支出のない費用**ということです。**2年目以降は支出がないのに費用となっています**ね。逆に1年目はお金は300出ているのに60しか費用になっていません。**ここでも利益と資金のズレが生じている**わけです。

　つまり，5年間60の出金がないのに経費となりますから，毎年60ずつ内部留保されることになります。そして耐用年数の**5年後には再び同じ機械を買うだけ溜まる**のです。もちろんこれは計算上溜まるので，実際にお金が溜まっている実感はあまりありません。

　そこで，たとえば毎年減価償却費と同じ60ずつ**別に積立預金**をします。これは費用にはなりませんが，減価償却費で費用になっているので，**まるで費用化できる預金**ということになります。そして5年続けると見事に300が預金として積み立てられていることになります。

第6章 売上アップ！

10月 11月 12月 13月 14月 15月 16月 17月 18月 19月 20月 21月

パソコンの導入によって業務改善が進みました。つまり**設備投資が有効に機能**し始めました。

そのお陰で、受注が2倍になりそうです。しかし仕入が追いつきません。つまり…

下のB/Sにあるように、現金が90万円しかありませんから2個を仕入れる120万円の資金がありません。

そこで、6月の仕入のときのように、掛け（買掛金）で仕入れることを復活しました。

こうして今月は、売上は2倍になって、仕入も2倍となっていきます。つまり、売上アップは資金も必要となっていくのです。
これによってB/SとP/Lはどう変化していくのでしょうか？

10月1日 スタート時の B/S	資　　産	負債・純資産
	現金　90	資本金　100
	パソコン　80	前月累計利益　70

第6章 売上アップ！

買掛金などの信用取引が加わってくると，自社の**実力以上の取引**をしてしまいがちです。

会計的な知識の弱い社長にとって，**資金と利益の差が大きくなり，管理不能になっていく可能性**が潜んでいるのです。

一般的には売上アップは良いことです。しかし**バランスを欠いた成長は命取り**になることすらあります。

だからこそ，B/SとP/Lを総合的に予測する能力が社長に求められるのです。

その総合性を論理的に，そして明確に表す道具は，現在に至るまで**「複式簿記」に勝るものはない**のです。

参考：累計のP/L（9月まで）	
当期の累計利益 70	
減価償却費 20	売上 900
給料 270	
売上原価 540	

10月1日
スタート時の
P/L

費　用	収　益
0	0

10月 Action 1/1 いつもの取引をし、10月の減価償却をして月次決算をする

　10月も「いつもの取引」ですが、**売上アップのため、仕入も増やさねば**なりません。しかし2個で120万円だから、現金残高が90万円では払えません。やむなく下のように、①で掛け仕入したので出金は0円です。

　次に②で、その2個を売り、入金200万円、③で給料30万円を支払い、最後の④減価償却はお金の出て行かない費用なので0円、その結果、現金の残高は260万円に一挙に増えました。

NO.	日 付	摘　　　要	入金	出金	残高
	9月30日	減価償却を20した		0	90
①	10月2日	商品2個 120万円を掛け仕入		0	90
②	10月3日	商品2個 200万円で現金販売	200		290
③	10月31日	給料30万円を現金で支払った		30	260
④	10月31日	減価償却を20万円する		0	260

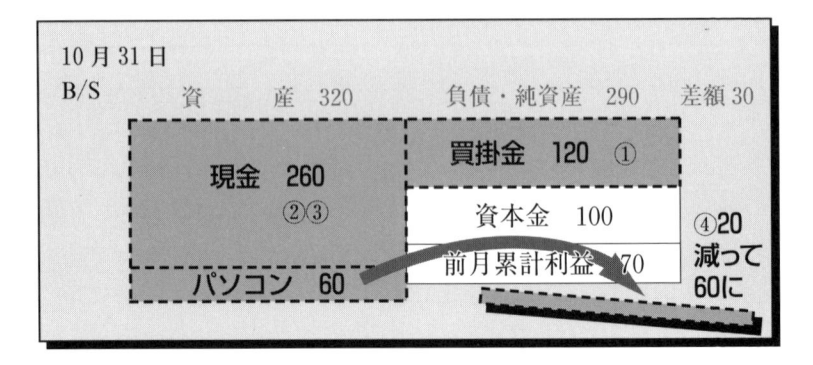

10月31日
B/S　　資　産　320　　負債・純資産　290　　差額 30

現金 260 ②③	買掛金 120 ①
パソコン 60	資本金 100
	前月累計利益 70

④20 減って 60に

第6章 売上アップ！

すると，B/S は左のように，①の仕入で買掛金が 120 増え，②③で現金は差し引き 170 増加して 260 に，④でパソコンが減価償却で 20 減り 60 になりました。

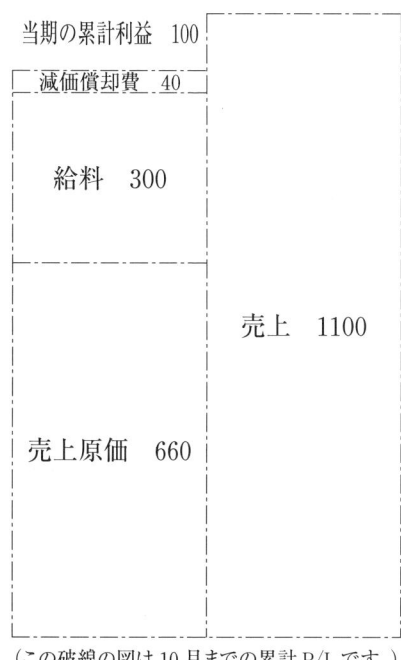

```
当期の累計利益 100
 ┌──────────────┐
 │ 減価償却費  40 │
 │              │
 │ 給料  300    │
 │              │          売上  1100
 │              │
 │ 売上原価 660 │
 │              │
 └──────────────┘
```

（この破線の図は 10 月までの累計 P/L です。）

一方，P/L は「いつもの取引」ながら①の仕入や②の売上はこれまでの倍になりました。

この結果，『収益』200 に対し『費用』170 で利益は 30 です。

しかし，左ページの現金出納帳を見るとお金は 170 万円増えてます。

さて，この差 140 万円は何でしょう？ 原因は 2 つです。

まず，掛け仕入で 120 万円お金が浮き，さらに減価償却費で 20 万円，合計 140 万円のお金の出てない『費用』が発生したからなのです。

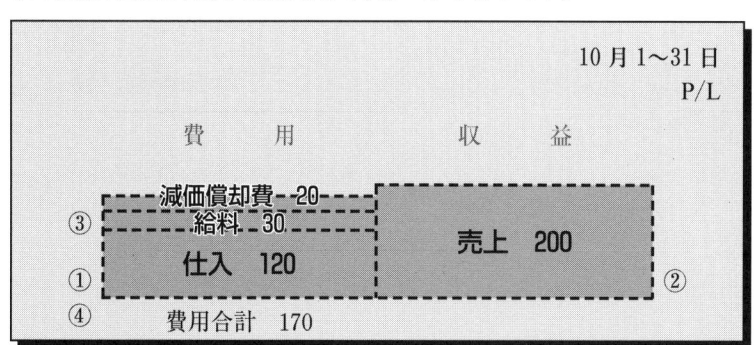

```
                           10 月 1～31 日
                                    P/L
     費     用           収     益

     減価償却費  20
③    給料       30
①    仕入      120         売上  200      ②
④    費用合計  170
```

11月 Action 1/2 買掛金 120万円を現金で支払った

12月 13月 14月 15月 16月 17月 18月 19月 20月 21月 22月

11月になりました。最初に、先月の2個の仕入代金を支払い、下のように出金の欄に120万円と書くと、現金の残高は140万円になりました。

NO.	日付	摘　　要	入金	出金	残高
	10月2日	商品2個120万円を掛け仕入		0	90
					~~260~~
①	11月1日	買掛金120万円を現金で払う		120	140

この瞬間、下のB/Sは、**現金が120減り、買掛金という『負債』が120減り**ました。

買掛金は、結局は支払わねばならないということですね。

しかも…支払うだけでは、今月に売る商品がありませんから、再び掛けで仕入れなければばなりません。これが2ページ後に出てきます。

だから今月だけ見れば、何の事はない、現金仕入と同じことになります。

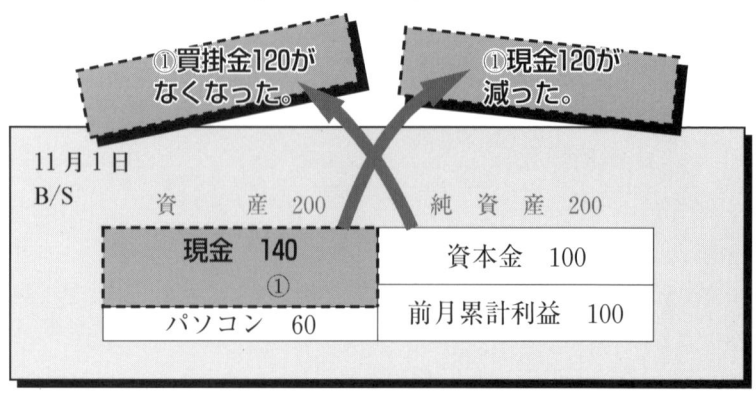

①買掛金120がなくなった。　　①現金120が減った。

11月1日
B/S　　資　　産　200　　　純資産　200

現金　140
①

パソコン　60

資本金　100

前月累計利益　100

第6章 売上アップ！

一方，P/L は，**買掛金を支払っても『費用』にはなりません。**
買掛金という『負債』つまり支払義務がなくなっただけなのです。
※今回の仕訳 （借方） 買掛金 120 ／（貸方） 現　金 120

　左ページの続きです…先月の買掛金を支払い，今月にまた掛け仕入をするので，今月だけを見ると現金仕入と同じだといいました。

　しかし，それでは**先月に掛け仕入しなかった方が良かったのでしょうか？**…いいえ，10月2日現在では，現金は90万円しかなかったので，120万円の掛けで仕入れることのメリットは確かにあったのです。

> あの時に仕入れたからこそ，10月3日に2個200万円で売れたのです。現金が90万円しかないからといって，1個60万円しか仕入れなかったら，当然売れるのは1個止まりです。そうすると9月と同じく赤字になってしまったのです。

　しかし，これは結果として**2個売れたからこそ，そういえるだけ**なので，売れなかったらまた展開が変わってきます。

　売れ残って無理に売った場合の一例は，この後12章で出てきますが，要は**経営には「先見力」が必要**なのです。

			11月1〜1日 P/L
費　　用		収　　益	
0		0	

11月 Action2/2 いつもの取引をし、減価償却して11月の月次決算をした

11月の残る取引は「いつもの取引」です。

下のように②で商品の掛け仕入,③で現金売上200万円,④で給料支払30万円,⑤で減価償却20万円をして,現金残高は310万円になりました。何だかお金が増えてきましたネ。

NO.	日　付	摘　　　要	入金	出金	残高
①	11月1日	買掛金120万円を現金で払う		120	140
②	11月2日	商品2個120万円を掛け仕入		0	140
③	11月3日	商品2個200万円で現金販売	200		340
④	11月30日	給料30万円を現金で支払った		30	310
⑤	11月30日	減価償却を20万円する		0	310

これらの結果,B/Sは,下のように,まず,②で買掛金が120増え,②③で現金が差し引き170増えた結果,310になりました。

⑤でパソコンはさらに20減りました。

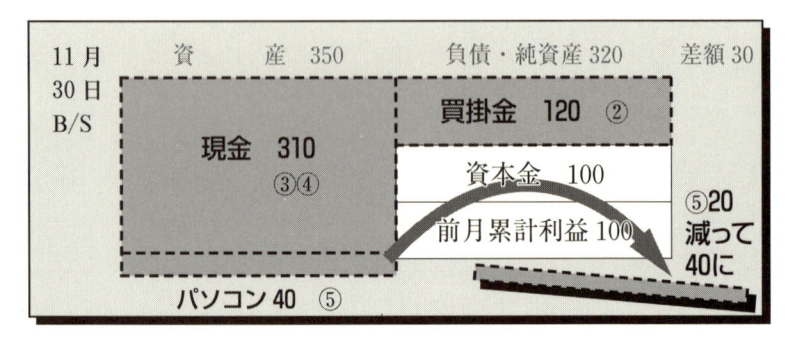

11月30日 B/S	資　産　350		負債・純資産320	差額30
	現金　310 ③④		買掛金　120　②	
			資本金　100	⑤20減って40に
			前月累計利益　100	
	パソコン 40　⑤			

84

第6章 売上アップ！

一方P/Lは，いつものように②で仕入，③で売上，④で給料，⑤で**減価償却費が計上**されて，利益も先月と同じ30になりました。

さて，復習しましょう。左ページの現金出納帳のとおり，**お金は**1ヶ月で200万円の入金と150万円の出金ですから，**差し引き50万円も増えました。**

しかし下のP/Lでは利益は30万円です。この差20万円は何でしょう？

掛け仕入で120万円お金が浮きましたが，先月仕入の買掛金と同額の120万円支払っているのでプラスマイナス0ですから買掛金は関係ありません。

そうすると，結局，減価償却費20万円だけ，お金の出ない『費用』が発生したので，その分が資金と利益の差なのです。

> さて，実は予告しておきますと…先月10月から来年1月(13月)まではまったく同じ利益(30)になるのです。
> ところがB/Sは暴れてワカ社長を驚かせることになるのです。

しかし，ワカ社長は，現時点では，こう考えました。「利益も出て現金も増えて順調だ。そこで…」

	11月1〜31日 P/L
費　　　用	収　　　益
⑤ 減価償却費 20 ④ 給料 30 ② 仕入 120	売上 200　③

第7章 12月 年間決算・借入で高級車購入へ

年間決算の見込みでは，経営は順風満帆。そこでワカ社長は，高級車が欲しくなりました。

レクサス，ベンツやBMW位の高級車なら，借入で頑張れば十分できそうです。

車の営業マンによれば，**車を買えば節税もできる**というし…

これによってB/SとP/Lは，どう変化していくのでしょうか？

本社ビルなら何億円もする。さすがにまだ無理でしょう。

しかし，1,000万円位の高級車なら，**月々の返済額にもよりますが**，確かに不可能ではありません。

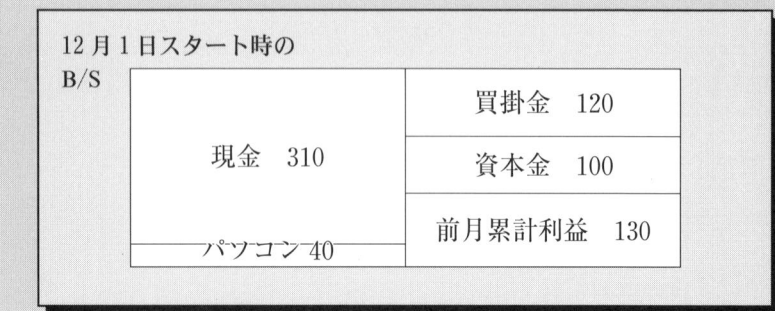

12月1日スタート時のB/S		
現金 310	買掛金	120
	資本金	100
パソコン 40	前月累計利益	130

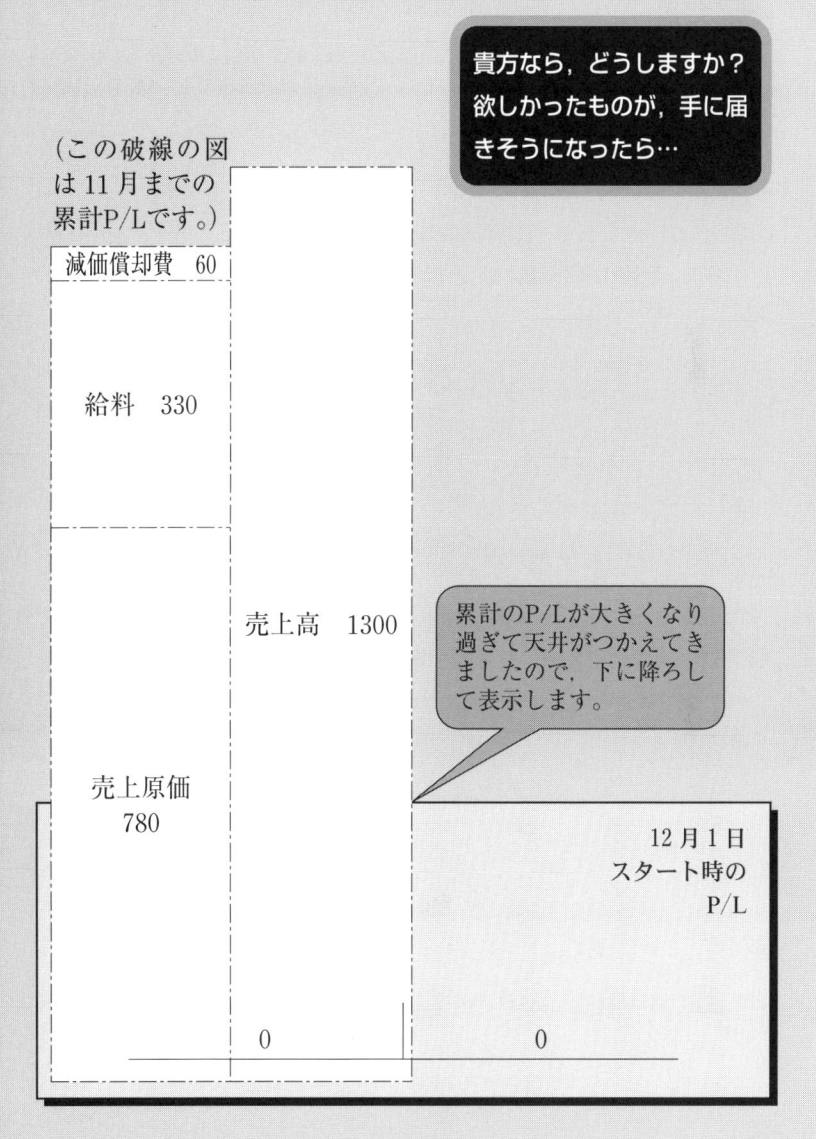

第7章 年間決算・借入で高級車購入へ

貴方なら，どうしますか？
欲しかったものが，手に届きそうになったら…

(この破線の図は11月までの累計P/Lです。)

| 減価償却費 60 |
| 給料　330 |
| 売上高　1300 |
| 売上原価 780 |

累計のP/Lが大きくなり過ぎて天井がつかえてきましたので，下に降ろして表示します。

12月1日
スタート時の
P/L

0　　　　　0

87

12月
Action 1/2 13月 14月 15月 16月 17月 18月 19月 20月 21月 22月 23月

いつもの取引をし, 減価償却して12月の月次決算をする

1年目最後の月も「いつもの取引」の①先月の仕入代金120万円を支払い, ②商品2個120万円を掛け仕入し, ③それを200万円で売り, ④給料30万円を支払い, ⑤減価償却を20万円しました。

すると, **現金の残高は, なんと創業以来最高の360万円となりました！**

NO.	日付	摘要	入金	出金	残高
①	12月1日	買掛金120万円を現金支払		120	190
②	12月2日	商品2個120万円を掛け仕入		0	190
③	12月3日	商品2個200万円で現金販売	200		390
④	12月28日	給料30万円を現金で支払った		30	360
⑤	12月31日	減価償却を20万円する		0	360

この結果, 下のB/Sは現金出納帳と同様, **現金は360になり, 買掛金は①で120減りますが, ②で再び同じ額だけ増えるのでプラマイ0**です。

パソコンは④の減価償却で20減って, 残るは減価償却1回分の20です。

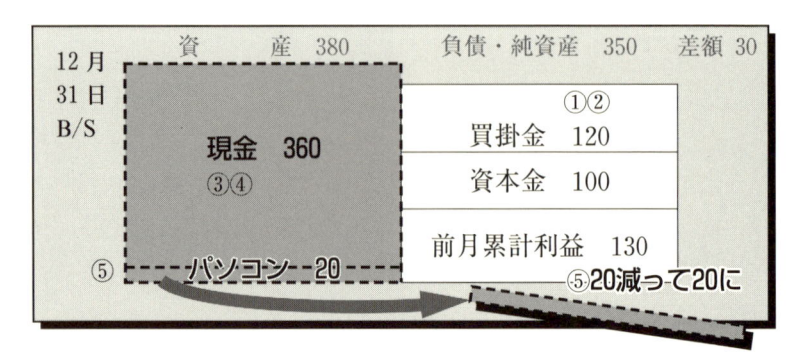

	資産 380	負債・純資産 350	差額 30

12月31日 B/S

現金 360 ③④	①② 買掛金 120
	資本金 100
⑤ パソコン 20	前月累計利益 130

⑤20減って20に

88

一方，P/L は 10 月・11 月とまったく同じですから説明は省略しますね。
また，現金が 50 万円増えているのに利益が 30 万円というのも同じで，減価償却費 20 万円が原因です。

<参考> 重要で「お得」な，減価償却の勉強

減価償却費は，「**お金の出て行かない費用**」ですから，**減価償却費の分，資金が会社に溜まっていく**のです。具体的には 9 月〜12 月まで 20 万円ずつの減価償却費でしたから，4 ヶ月間で合計 80 万円が溜まったことになります。

そうはいっても，「その 80 万円はどこに溜まっているの？」と思われることでしょう。それでは逆に，減価償却が**お金の出て行く普通の費用と同じだと考えて**みましょう。すると現金が月々 20 万円出ていってしまったはずです。

減価償却費はその，その支出がない費用というのですから，80 万円は B/S の現金 360 万円の中にあるということになりますね。これが真実です。

さて，減価償却の目的の 1 つに「再取得」があります。つまりこうして，資金が溜まっていって，**耐用年数を迎えると，同じ資産を再取得できる準備**なのです。その資金負担を，取得時に一時にしなくても済むのです。

しかし，この管理はできるようでできないので，**減価償却分の出金を現に発生させて，まったく別の預金に貯金**にする位の工夫をするのも 1 つの方法です。そうすれば，耐用年数が経ったときに預金を取り崩して再取得ができます。

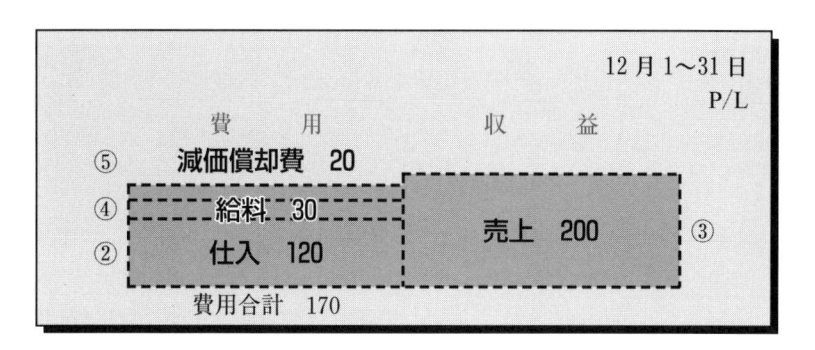

---

12 月 1〜31 日
P/L

費　用	収　益
⑤ **減価償却費　20**	
④ 給料　30	③ 売上　200
② 仕入　120	
費用合計　170	

12月 Action2/2 ： 13月 14月 15月 16月 17月 18月 19月 20月 21月 22月 23月

1年間の決算をする

　さあ！ 創業してちょうど1年が経ちました。そこで年間の決算をしましょう。

　月次のP/Lの累計を出すとそれが年間のP/Lになります。今までも，累計のP/Lを毎月お見せしてきましたが，最後にまとめると右のページのようになります。途中，赤字の月もありましたが，まずはワカ社長おめでとう！

　それぞれが，なぜこうなったのかは，**心ゆくまでパラパラ比較で前のページに戻って確認してみてください。**

　なお，B/Sは2ページ前の12月末のものが年間の決算となります。

　B/Sの方がどうしても難しいので**何度もパラパラ比較して心ゆくまで変化を確認してみてください。**　　　　　　　　　　　これが訓.練.です。

> なぜなら，簿記は知識というより，「実技」なのです。自転車と同様に何度も何度も，繰返して身につけるものです。これがパラパラ比較です。

P/L　1月

給与　30	
売上原価　60	売上　100

第 7 章　年間決算・借入で高級車購入へ

＜年間P/L＞
当期利益 160

減価償却費 80

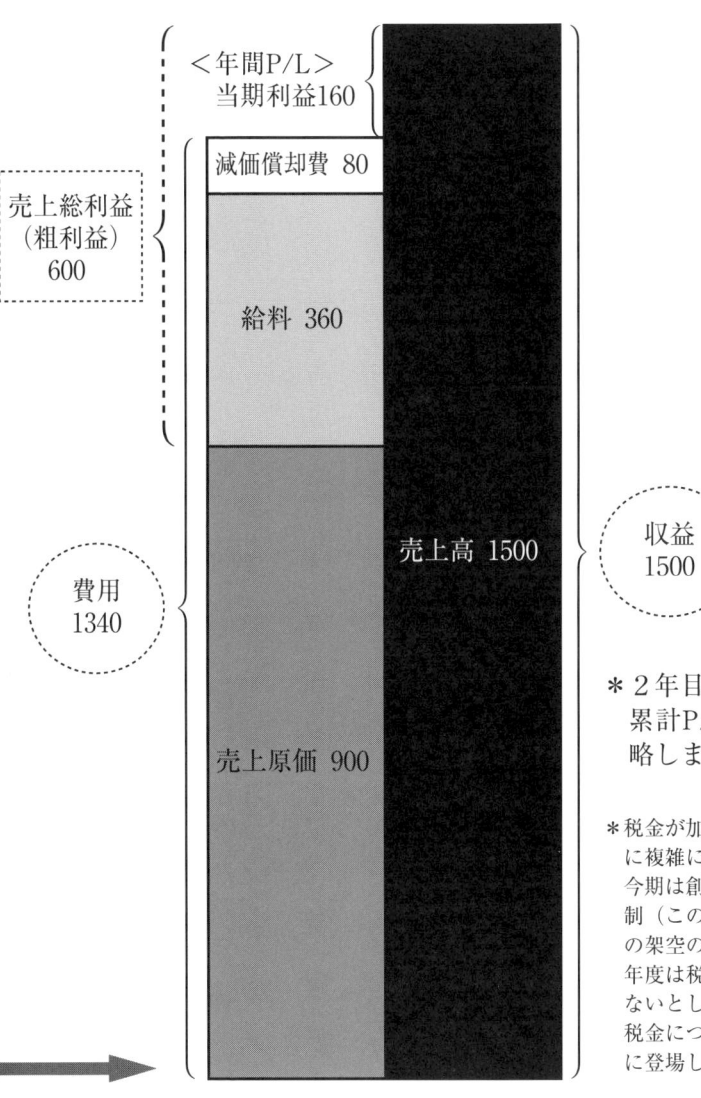

給料 360

売上総利益
（粗利益）
600

売上高 1500

収益
1500

費用
1340

売上原価 900

＊2年目からは累計P/Lは省略します。

＊税金が加わるとさらに複雑になるので、今期は創業者支援税制（この物語のための架空の税制）で初年度は税金がかからないとしています。税金については24月に登場します。

91

13月 Action 1/2 いつもの取引をし、13月の減価償却をした

さて、いよいよ2年目です。13月（2年目の1月）も、いつもと同じ2個仕入れ、販売、給与、償却をして下のようになりました。

NO.	日　付	摘　　要	入金	出金	残高
	12月31日	減価償却をする		0	360
①	13月4日	買掛金120万円を現金支払		120	240
②	13月5日	商品2個120万円を掛け仕入		0	240
③	13月6日	商品2個200万円で現金販売	200		440
④	13月28日	給料30万円を現金支払		30	410
⑤	13月31日	減価償却を20万円する		0	410

B/Sは12月と同様、現金360が50増えて410になりました。

買掛金は先月と同様、①で減って②で同額増えたので変化なし。パソコンは最後の減価償却をして0になりました（ただし現物の資産がなくなるわけではありません。）。

とうとう枠を超えるほど成長してきました。表示しきれなくなったので、上に少しずらして表示します。

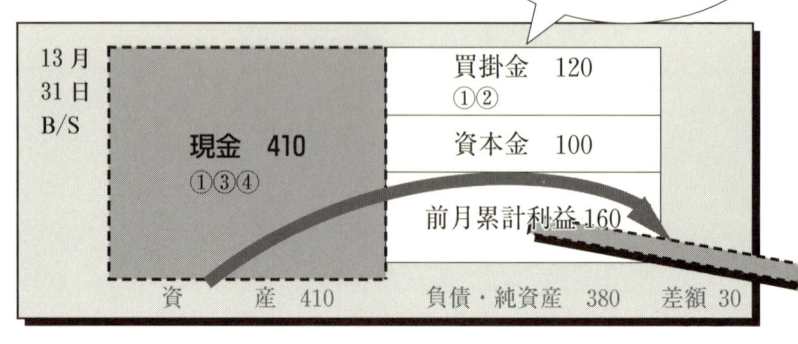

13月31日 B/S			
現金　410 ①③④		買掛金　120 ①②	
		資本金　100	
		前月累計利益160	
資　　産　410		負債・純資産　380	差額　30

第7章　年間決算・借入で高級車購入へ

一方，下のP/Lは10月～12月とまったく同じです。

＊次に出てくる借入よりも減価償却費の方が最後になるのですが，説明の都合上，順序を変えています。

そこで，ワカ社長は念願の高級車を買おうと考えています………
1,000万円の高級車を，全額借入して購入する計画です。

> さあ！　次に1,000万円の借入をします！
> パソコンを買った時は，現金で買いました。

> 同じ設備投資でも，買い方によっては
> B/S・P/Lはどう変わるでしょうか?!

　ここから，**本書全体をとおして，最も重要な部分**に入っていきます。設備投資による失敗からくる倒産はきわめて多いのです。

　71ページで述べたように，開業時などでは，店舗や機械などの取得を借入金で行うことも多く，企業の体質を決めてしまい，後戻りできなくなることがあるのです。

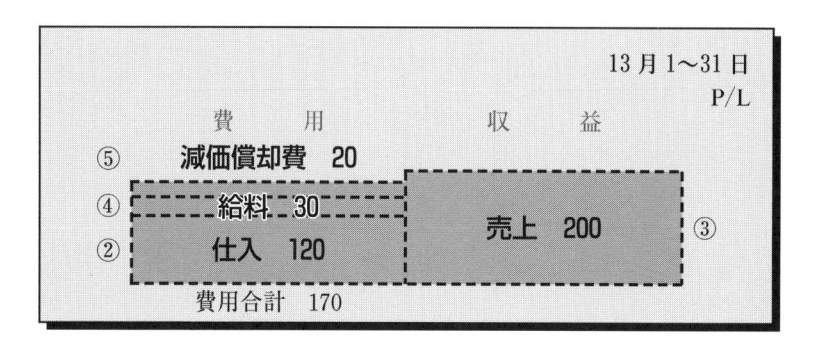

```
                                    13月1～31日
                                         P/L
        費　用           収　益
⑤  減価償却費 20
④    給料 30
②    仕入 120             売上 200      ③
    費用合計 170
```

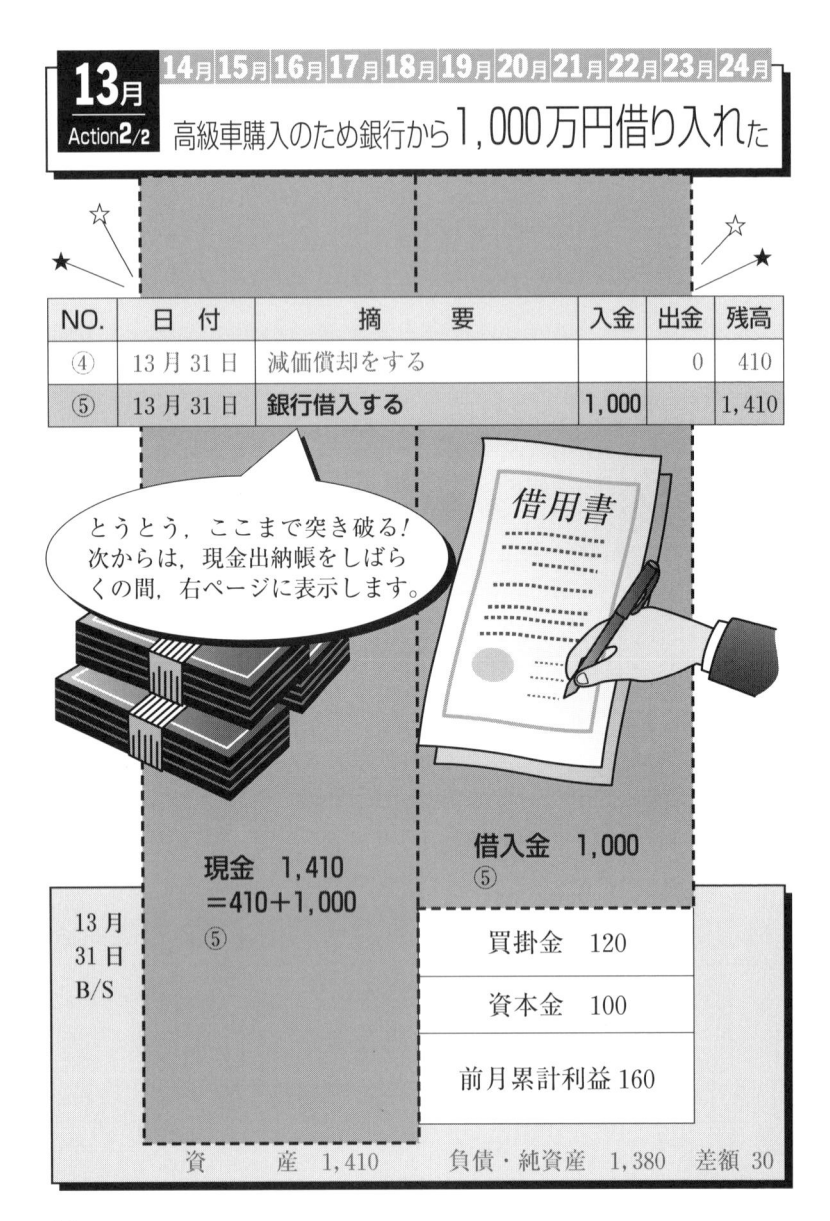

13月
Action 2/2 14月 15月 16月 17月 18月 19月 20月 21月 22月 23月 24月

高級車購入のため銀行から1,000万円借り入れた

NO.	日付	摘要	入金	出金	残高
④	13月31日	減価償却をする		0	410
⑤	13月31日	**銀行借入する**	**1,000**		**1,410**

とうとう，ここまで突き破る！
次からは，現金出納帳をしばらくの間，右ページに表示します。

13月31日 B/S

現金 1,410 = 410+1,000 ⑤	借入金 1,000 ⑤
	買掛金 120
	資本金 100
	前月累計利益 160
資産 1,410	負債・純資産 1,380　差額 30

第7章 年間決算・借入で高級車購入へ

13月の最後に1,000万円借入で図が突き貫けました。この瞬間に**現金は1,000増え**1,410に。**借入金**という『負債』**も1,000増え**ました。

一方，P/Lは，借入は『収益』でありませんから何ら変わりなく，利益は30です。利息は2ヶ月後から発生します（銀行手数料は省略）。

<参考> 読み飛ばしOKです。

ここで，よく使う経営分析の比率の1つを見てみましょう。

「自己資本比率」は，すべての資産が「どれだけ，返済不要の自己資本でまかなわれているか？」を見る比率で，**倒産しやすいか**どうかを見る比率です。一般にこれが30％超は優良，10％を割ると悪いといわれます。いま，左のB/Sでこれを計算すると以下のようになり，悪くはない数字になります。

$$\frac{資本金(100) + 利益(160 + 今月分 30) = 290}{資産の計\ 1,410} = 20.56\%$$

また，「流動比率」は以下のように計算し100％以上は優良といわれます。

$$\frac{一年以内に資金となる資産}{一年以内に支払う債務} = \frac{現金(1,410)}{借入金(1,000) + 買掛金(120)} = 125\%$$

果たして，**この経営分析は正しいのでしょうか？** ふと疑問を持つ瞬間ですね（2ページ後に続きます。）。

※今回の仕訳 （借方） 現　金　1,000　／（貸方） 借入金　1,000

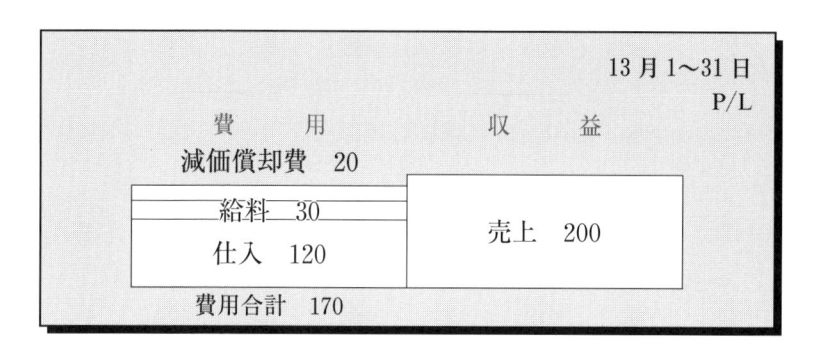

13月1〜31日
P/L

費　　用	収　　益
減価償却費　20	
給料　30	売上　200
仕入　120	
費用合計　170	

14月
Action 1/2   15月 16月 17月 18月 19月 20月 21月 22月 23月 24月

翌14月の初めに、とうとう念願の高級車を購入した

現金　410　①

現金が、車両に交換された

車両　1,000　①

借入金　1,000

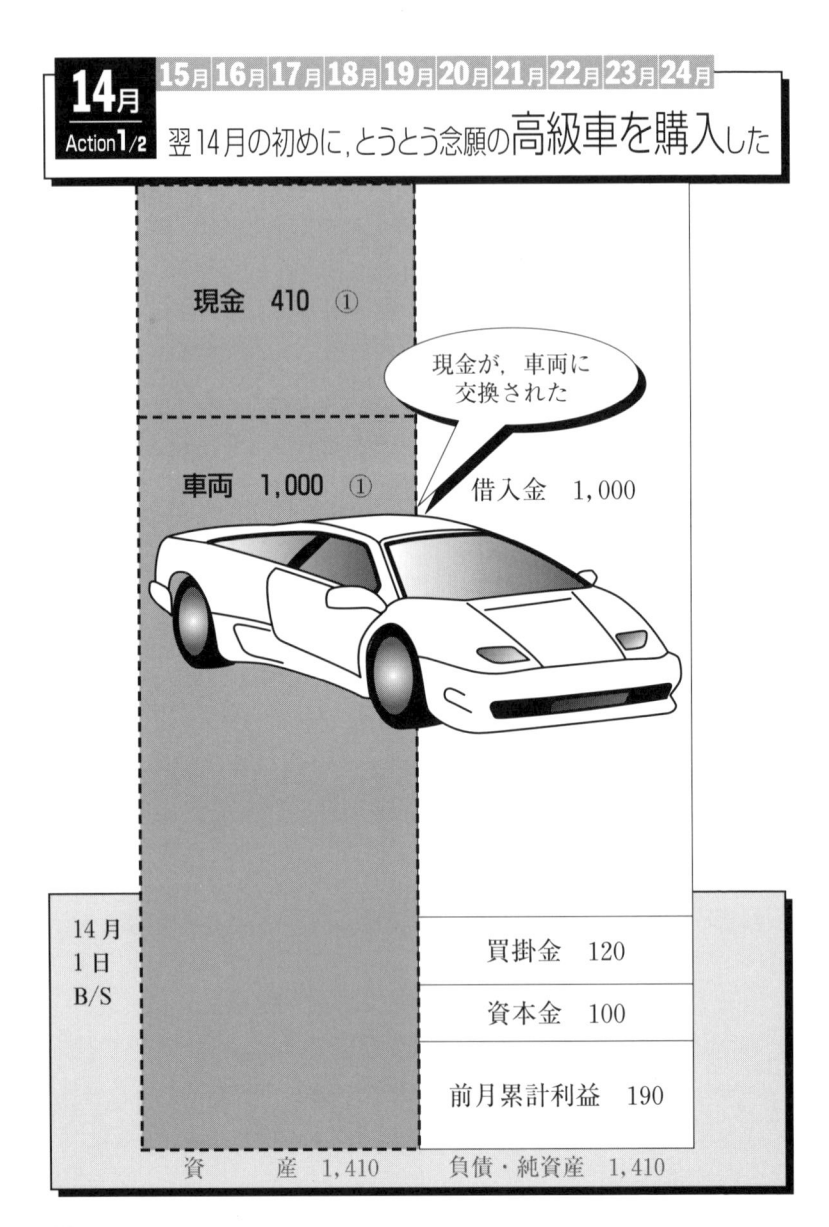

14月1日 B/S

買掛金　120

資本金　100

前月累計利益　190

資　産　1,410　　負債・純資産　1,410

第7章　年間決算・借入で高級車購入へ

NO.	日　付	摘　　　要	入金	出金	残高
	13月31日	銀行借入する	1,000		1,410
①	14月1日	**高級車を1,000万円で購入**		**1,000**	410

いよいよです。14月の最初に1,000万円で高級車を購入しました。

すると**現金は1,000減り410となり，代わりに車両が1,000増え**ました。
車の購入は，**現金と高級車（車両）との交換**みたいなものですから…
P/L は何ら変わりません。
（現実には重量税等が『費用』になりますが，ここでは省略しています。）

<参考>　読み飛ばし OK です。

2ページ前に計算した流動比率を，ここでまた計算してみましょう。
100% 以上は優良で，車を買う直前は 125% で優良だったのですが…

$$\frac{現金(410)}{借入金(1,000)+買掛金(120)}=36\%$$…となり，最悪です。

ここからも経営分析は，どう使うのか見えてきますね。
見るタイミングも大切という訳です。

※今回の仕訳　（借方）　車　両　1,000　／（貸方）　現　金　1,000

```
                                              14月1日
                                                 P/L

         費　　用              収　　益

             0                    0
```

第8章 14月

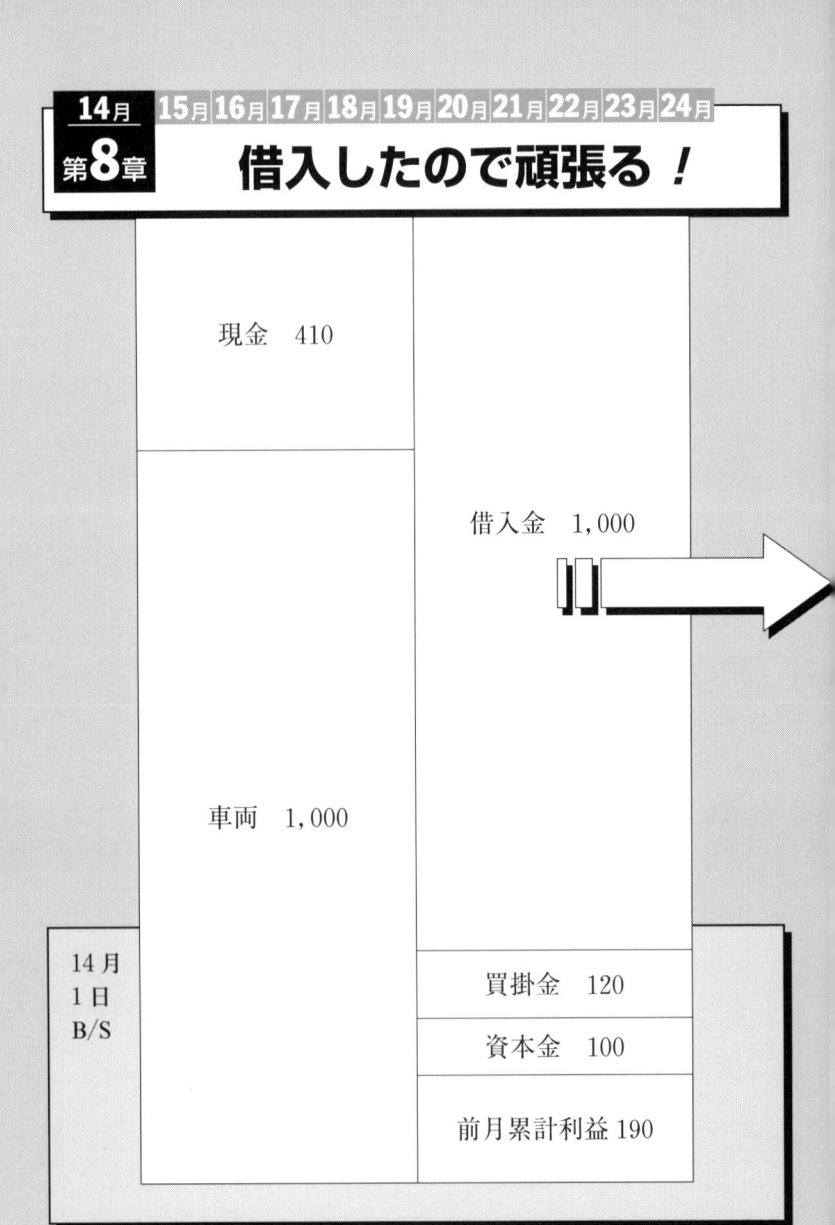

15月 16月 17月 18月 19月 20月 21月 22月 23月 24月

借入したので頑張る！

現金　410	
	借入金　1,000
車両　1,000	
	買掛金　120
	資本金　100
	前月累計利益　190

14月1日 B/S

第8章 借入したので頑張る！

14月は，まだ始まったばかりです。

ワカ社長！ 頑張れ！

人間，不思議なもので，**借入金があると「返済しなきゃ！」と思う**のでしょうね。武者震いを起こしつつも多くの社長が，借金がないとき以上に**頑張る**ようです。

それが「吉」と出る場合もありますし…

逆の場合も…あるのです

果たして，ワカ社長の場合は，いかがなりますでしょうか？

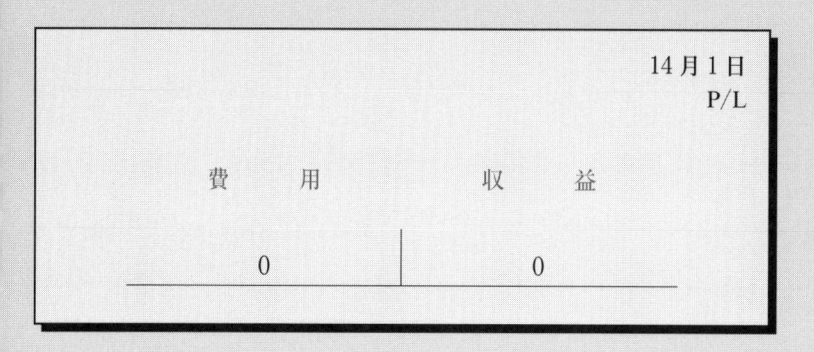

	14月1日 P/L
費　用	収　益
0	0

14月
Action 2/2

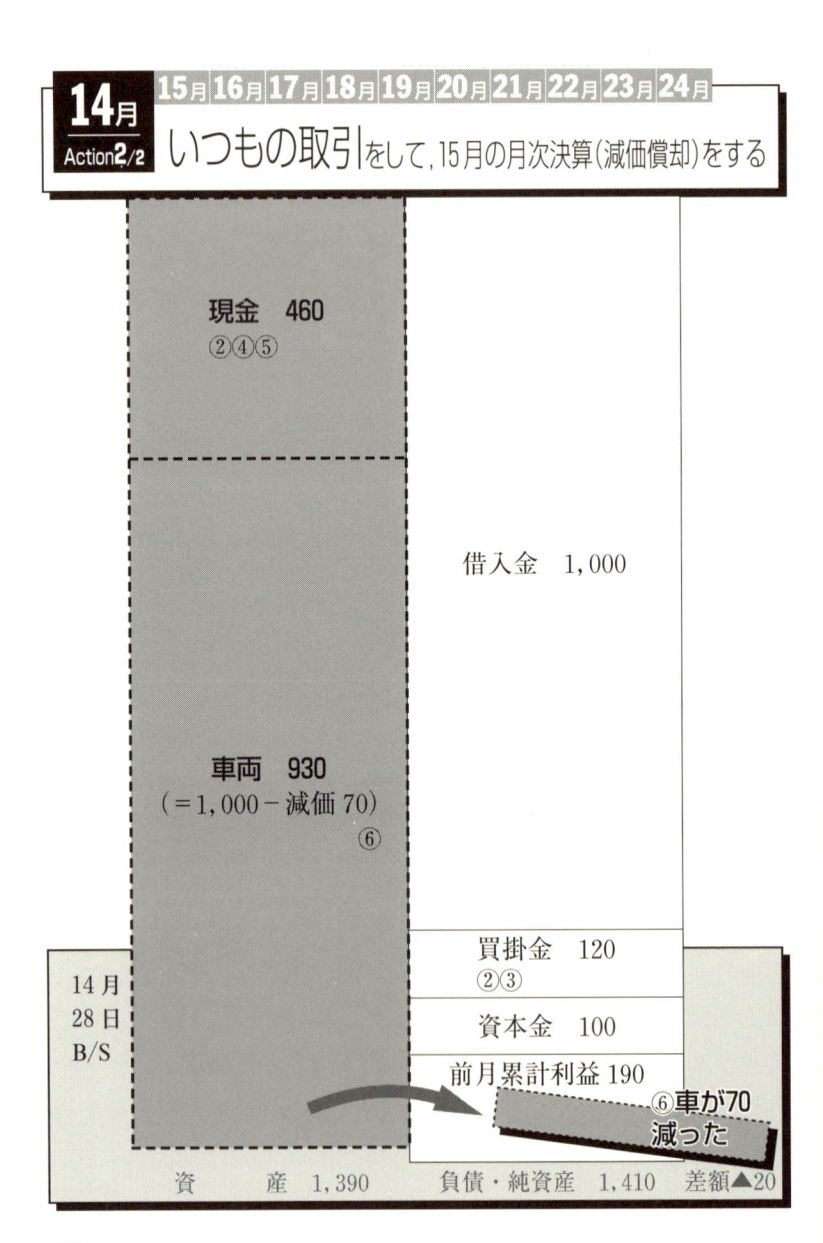

15月 16月 17月 18月 19月 20月 21月 22月 23月 24月

いつもの取引をして、15月の月次決算（減価償却）をする

現金　460 ②④⑤	借入金　1,000
車両　930 （＝1,000－減価70） ⑥	買掛金　120 ②③
	資本金　100
	前月累計利益　190

14月28日 B/S

⑥車が70減った

資　産　1,390　　負債・純資産　1,410　　差額▲20

第 8 章　借入したので頑張る！

NO.	日　付	摘　　　要	入金	出金	残高
①	14月1日	高級車を1,000万円で購入した		1,000	410
②	14月4日	買掛金120万円を現金で支払う		120	290
③	14月5日	商品2個120万円を掛け仕入れた		0	290
④	14月6日	商品2個200万円で現金で売った	200		490
⑤	14月28日	給料30万円を現金で支払った		30	460
⑥	14月28日	減価償却を70万円する		0	460

14月も「いつもの取引」です。しかし⑥が変わりました。パソコンの償却が終わって、代わりに**車の償却が 70** となり、左のB/Sの**車両は930** となりました。

また、現金は、上のように①の高級車購入後の今月1日では、410でしたが、これに**前月までと同じ営業活動で 50 お金が増え 460** となりました。

買掛金は先月と同様、①で減って、②で同額掛仕入したので変化なしです。

一方、P/Lでは、差し引き、償却費が20から70に50増えたので、その分、先月まで30の利益が50減って、▲20となってしまいました。

ワカ社長は、**高級車を買う前に、その減価償却費はいくらになるのかを知っておかねばならなかった**のです。

しかし、減価償却費はお金の出て行かない費用ですから、これは資金繰りには影響しません。問題は来月から始まる借入金の返済です。

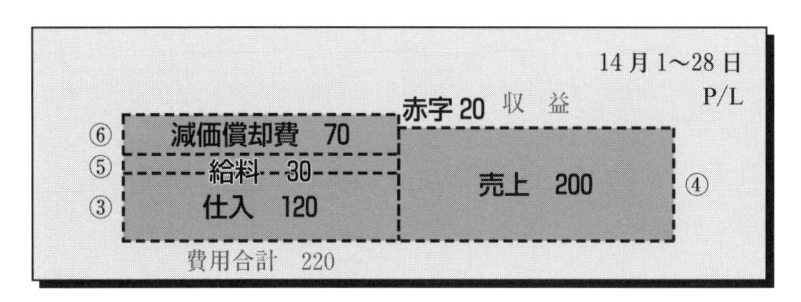

14月1〜28日
P/L

　　　　　　　　　　　　　赤字20　収　益
⑥　減価償却費　70
⑤　　給料　30
③　　仕入　120　　　　　　　売上　200　　④

費用合計　220

15月 Action 1/2 | 16月 17月 18月 19月 20月 21月 22月 23月 24月

いつもの取引をして、15月の減価償却をする

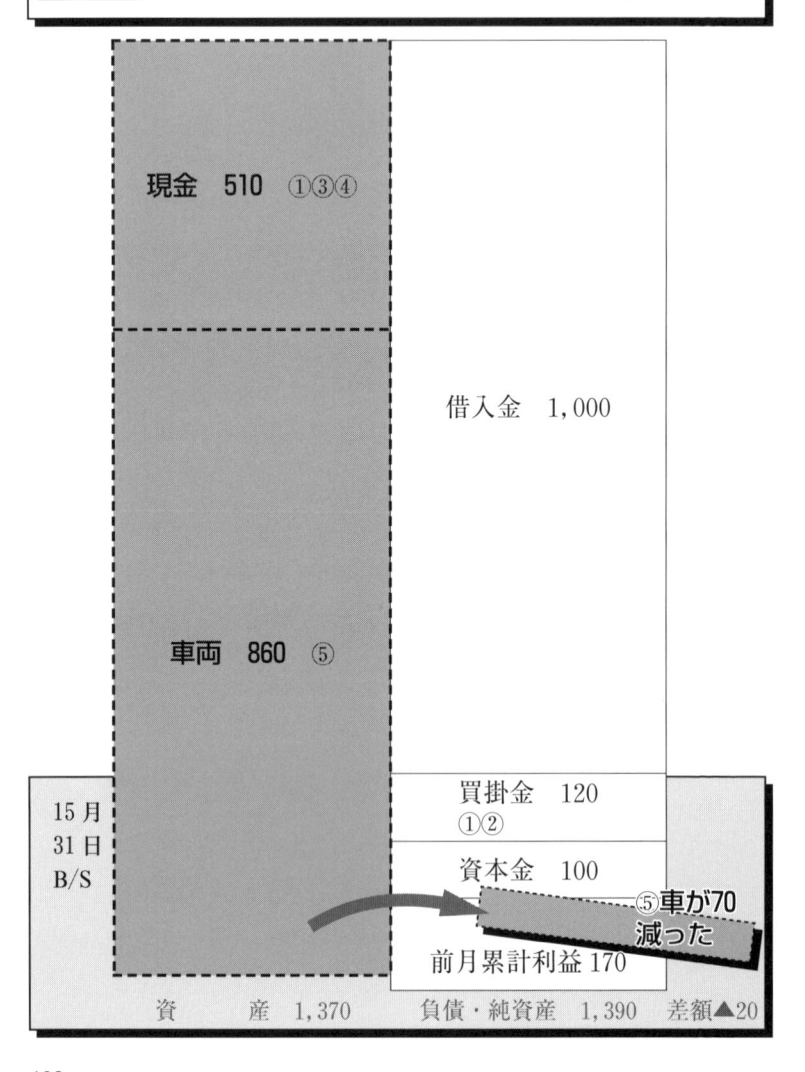

現金　510　①③④	借入金　1,000
車両　860　⑤	
	買掛金　120 ①②
15月 31日 B/S	資本金　100
	前月累計利益 170

⑤車が70減った

資　産　1,370　　負債・純資産　1,390　　差額▲20

102

第 8 章　借入したので頑張る！

NO.	日　付	摘　　要	入金	出金	残高
	14 月 28 日	減価償却を 70 する		0	460
①	15 月 4 日	買掛金 120 万円を現金で支払う		120	340
②	15 月 5 日	商品 2 個 120 万円を掛け仕入れた		0	340
③	15 月 6 日	商品 2 個 200 万円で現金で売った	200		540
④	15 月 28 日	給料 30 万円を現金で支払った		30	510
⑤	15 月 28 日	減価償却を 70 万円する		0	510

15 月も同じです。「いつもの取引」をしました。

左の B/S の**現金は出納帳のとおり 510** となります。**車は 70 減り 860** です。買掛金は先月と同様，①で減り②で同額増えたので変化なしです。

一方，P/L は毎月発生する仕入・売上・給料などについては，先月と変わりありません（なお，説明の都合上，⑤の減価償却を先に載せました。）。

したがって，このままでは先月同様，P/L は▲20 になってしまいます。

しかも，今月からは借入金の返済と利息の支払が始まります。

もっと赤字になりそうです…では次のページで返済をしましょう。

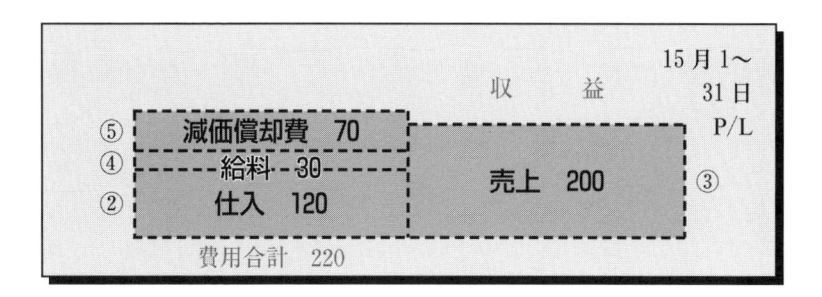

		15 月 1〜
	収　　益	31 日
⑤ 減価償却費 70		P/L
④ 給料 30	売上 200	③
② 仕入 120		
費用合計 220		

15月
Action2/2
16月 17月 18月 19月 20月 21月 22月 23月 24月

第1回の借入金の返済と利息を払い、15月の月次決算をする

　15月最後の取引として、⑥で200万円の借入金の返済をして、⑦で利息10万円を出金すると…現金の残高は300万円になってしまいました！

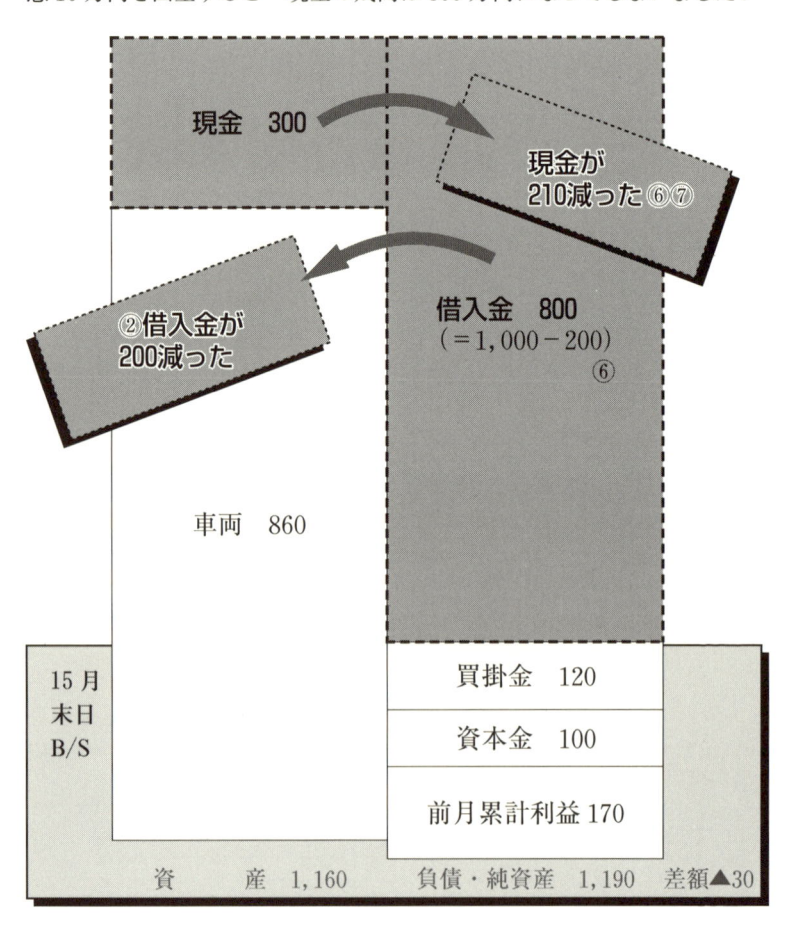

15月末日 B/S		
現金　300		現金が210減った⑥⑦
		借入金　800（＝1,000－200）⑥
②借入金が200減った		
車両　860		買掛金　120
		資本金　100
		前月累計利益　170
資　産　1,160	負債・純資産　1,190	差額▲30

第8章 借入したので頑張る！

NO.	日付	摘要	入金	出金	残高
⑤	15月31日	減価償却を70する		0	510
⑥	15月31日	借入金の返済(第1回)200万円する		200	310
⑦	15月31日	借入金の利息10万円を支払う		10	300
		15月入出金合計	200	360	

そこでB/Sは左のように，**現金は出納帳のように300**となります。**借入金は⑥で返済した200が減って800**となりました。

一方，P/Lは⑦の利息だけが『費用』となり，利益は▲30となりました。

借入金の**元本返済200は出金ではありますが『費用』ではありません。**左ページのB/Sで書いたように，**借入金という『負債』が減った**のです。

上の現金出納帳のように，入金合計は売上の200に対して，出金合計は360でしたから，差引き160も資金が減りました。

これに対して，利益の方は▲30だけとなり，**赤字以上に資金が減るので，感覚的にギャップが生じます。**「何とかしなければ」とワカ社長。

> いずれにしろ売上を伸ばさねばなりません。
> 今まで，2個ずつの販売でしたが3個体制にしようと決意します。

※今回の仕訳　（借方）　借入金　　200　／（貸方）　現　金　210
　　　　　　　　　　　支払利息　 10　／

		15月1〜31日 P/L
⑦**支払利息　10**	収　益	
減価償却費　70		
~~給料　30~~	売上　200	
仕入　120		
費用合計　230		

16月
Action 1/1 17月 18月 19月 20月 21月 22月 23月 24月

3個体制にして借入返済も含め通常取引をし,月次決算をする

　16月は1ヶ月分をまとめて表示しました。3個仕入れて3個売りますが,借入金返済200万円と利息10万円を払った結果,以下のように現金はさらに減って,240万円になりましまった。

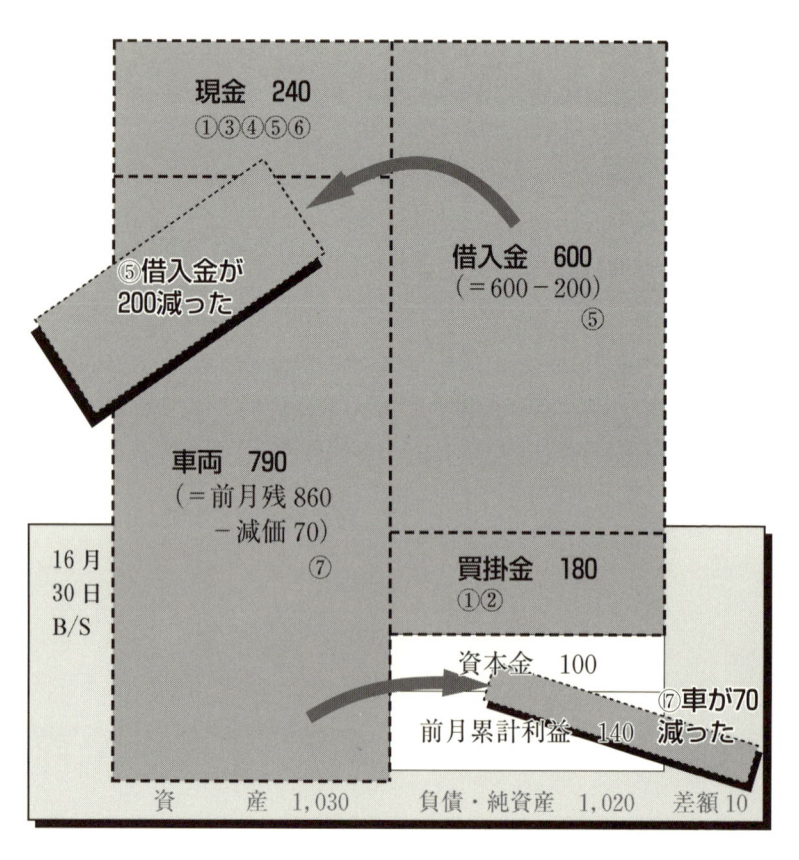

16月30日 B/S

現金　240
①③④⑤⑥

⑤借入金が200減った

借入金　600
（＝600－200）
⑤

車両　790
（＝前月残860
－減価70）
⑦

買掛金　180
①②

資本金　100

前月累計利益　140

⑦車が70減った

資　産　1,030　　負債・純資産　1,020　　差額 10

第8章 借入したので頑張る！

NO.	日 付	摘　　要	入金	出金	残高
	15月31日	借入金の利息10万円を支払う			300
①	16月4日	買掛金120万円を現金で支払う		120	180
②	16月5日	商品3個180万円を掛け仕入れた		0	180
③	16月6日	商品3個300万円で現金で売った	300		480
④	16月28日	給料30万円を現金で支払った		30	450
⑤	16月30日	借入金の返済(第2回)200万円する		200	250
⑥	16月30日	借入金の利息10万円を支払う		10	240
⑦	16月30日	減価償却を70万円する		0	240

この結果，買掛金は①で120減ったものの，②で1個増やして3個仕入れたので180と増えました。

借入金は⑤で200減って600に，車は⑦で70減り790になりました。

一方，P/Lは3個販売の体制にして，やっと利益が10出ました。

> しかし，それでもなおお金は減り続けています。
> このことはP/Lを見ていてもわかりません。P/Lは利益を見るだけです。そして何と，B/Sをただ見ていてもわからないのです！
> 現金出納帳やB/Sのパラパラ比較をしてこそ見えてくるのです。

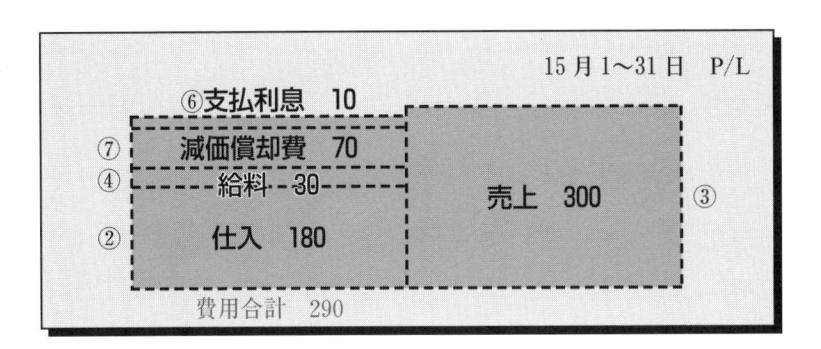

15月1〜31日　P/L

⑥支払利息　10	
⑦減価償却費　70	
④給料　30	売上　300　③
②仕入　180	
費用合計　290	

17月
Action 1/1 18月 19月 20月 21月 22月 23月 24月

3個体制にし2月目。前月同様の取引をし17月の月次決算をする

　17月も1ヶ月分をまとめて表示し，先月とまったく同じ3個仕入，3個売る取引をしましたが，さらに現金は右のように，先月末の240万円が半分の120万円になってしまいました。

　この結果，B/Sは下のように**買掛金は，①②でプラマイ0で180のまま。**
借入金は⑤で600から200減り400。車は⑦で70減って720に。

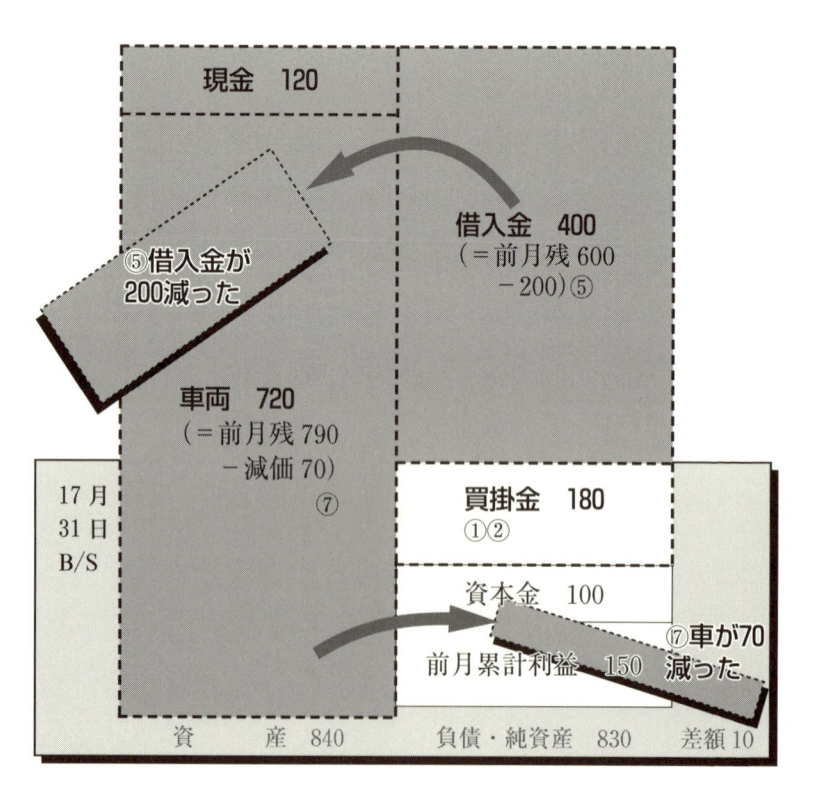

現金　120	
	借入金　400 （＝前月残600 −200）⑤
⑤借入金が200減った	
車両　720 （＝前月残790 −減価70） ⑦	買掛金　180 ①②
17月 31日 B/S	資本金　100 前月累計利益　150　⑰車が70減った
資　産　840	負債・純資産　830　差額10

第 8 章　借入したので頑張る！

NO.	日　付	摘　　要	入金	出金	残高
	16 月 30 日	減価償却を 70 万円する			240
①	17 月 4 日	買掛金 180 万円を現金で支払う		180	60
②	17 月 5 日	商品 3 個 180 万円を掛け仕入れた		0	60
③	17 月 6 日	商品 3 個 300 万円で現金で売った	300		360
④	17 月 28 日	給料 30 万円を現金で支払った		30	330
⑤	17 月 31 日	借入金の返済(第 3 回)200 万円する		200	130
⑥	17 月 31 日	借入金の利息 10 万円を支払う		10	120
⑦	17 月 31 日	減価償却を 70 万円する		0	120
		17 月入出金合計	300	420	

一方，P/L は先月とまったく同じで，利益も 10 となりました。

買掛金の支払は先月から 3 個仕入れで，今月から 60 増えました。その結果，入金合計は先月同様の 300 ながら，出金は 60 増えて出金合計は 420 となり，120 も現金が減ってしまったのです。

> 利益が出続けているのに！　どんどんお金が減っていく！
> この調子で来月にまた 120 減ると現金が底をついてしまいます！
> それどころか，来月初めの買掛金支払が 180 ありますから
> 足りません！

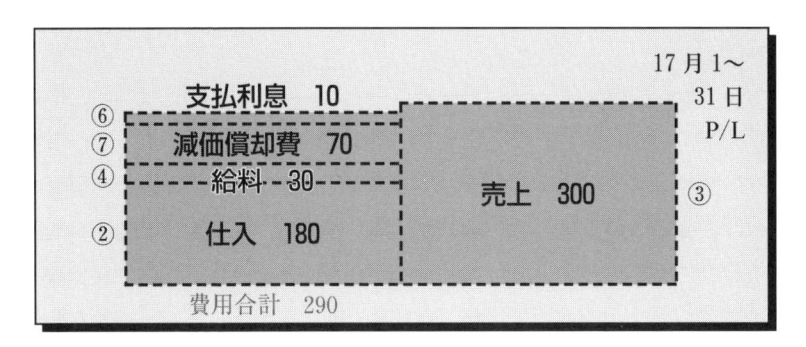

17 月 1〜31 日 P/L

⑥ 支払利息　10
⑦ 減価償却費　70
④ 給料　30
② 仕入　180
③ 売上　300

費用合計　290

❖ 解説6. 銀行が融資する判断基準とは？ ❖

(1) それは返済余力

銀行の立場，すなわち**貸す側に立って**見ればよくわかります。

"**返してもらえるだろうか？**" これが**一番心配**なわけです。そこで融資先の返済余力を見ることになるのです。

(2) 返済余力の計算式

銀行は企業に融資をするにあたって，「**税引前利益×1/2＋減価償却費**」をその企業の1年間の返済余力金額と見ます。

そして，その5年分とか10年分を合計して貸付総額を融資します。

企業側からするならば，自社の1年間の返済余力から判断して必要借入金の返済年数を銀行と返済交渉をしなければなりません。

これを使って，エピソードの13月の**高級車購入のための借入金はいかにすべきだったか**を考えてみましょう。

式に使う，数字は，第7章の12月での年間決算P91の損益計算書を見ると，「税引前利益」160万円と「減価償却費」80万円です。式の2分の1というのは半分が税金でなくなってしまうので，残りの半分が会社に留保されると考えているのです。

このエピソードでは1年目は税金0ですので2分の1をしなくてもよいと考えると，160万円＋80万円＝240万円ということになります。

しかもこれは年間返済余力ですから，このエピソードでは相当無理をして借りたことがわかります。

もっとも借入をするときは，経営計画を出して，将来の返済余力を示して銀行を説得したりする訳です。たとえば第14章「税金がやってきた！」P161の表にある2年目の実績値140に近い150を，仮に事前に経営計画として出していたとするとどうでしょう。

減価償却費は13月が20万円で，14月～24月の11ヶ月間が70万円ですから合計で790万円となります。すると返済余力は…

税引前利益150万円÷2＋減価償却費790万円＝865万円

となります。1,000万円の借入額に近づいてきました。しかし，これもあくまで**年間の返済余力**です。エピソードでは，200万円ずつ5ヶ月で返済しようとしたことに，**そもそもの無理**があったようです。

もちろん，いかに無理な借入が後々影響を及ぼすかを学んで頂くための勉強用に誇張しているからなのですが，このことから**返済期間はどれだけで交渉しなければならなかったか**が導かれます。

> 年間865万円ということは…
> 865万円÷12ヵ月で72万円が月々の返済能力だ。逆に1000万円借りるなら
> 1000万円÷72万円＝13.8ヵ月⇒1年2ヵ月を返済期間とする…

(3) 減価償却を少なくして利益を出した方が融資を受けやすい？

よく「減価償却をしないで利益を計上して銀行から融資を受けやすくしたい」という社長がいます。本当でしょうか？　実際に計算してみましょう。

たとえば，減価償却費が100で，減価償却をする前の利益を200とします。利益を多くするために減価償却費を0にした場合は，200÷2＋0＝100となります。これに対してちゃんと減価償却費を計上すると，(200－100)÷2＋100＝150と大きくなりますから，**減価償却費を正しく計上することが大切**なのです。

❖ 解説 7. 本社ビルを建てると倒産？ ❖

(1)「本社ビルを建てると倒産する」という社長がいますが本当ですか？

これも，社長仲間でよく囁かれる話の1つで，重要な示唆を含んでいます。具体的にみていきましょう。

本社ビルの建設費を現金でまかなうことはなかなかできません。借入による場合がほとんどでしょう。

そうすると毎年，**支払利息という費用と借入元本返済という費用にならない現金の流出が発生**します。多くの場合，それは高額になります。

一方，建物の減価償却費という現金の支出のない経費も発生しますので，その分は利益のマイナスとなり，減価償却費の2分の1相当額には税金はかかりません。つまり，それが**返済原資になります。しかしそれは利益が出ていることが前提の話**です。

(2) 収益に結びつく設備投資か？

ところで，本社ビルを建てて見栄えがよくなったといって，売上が増大し利益も増えるのでしょうか？ そこが問題なのです。これが本社ビルでなく本社**工場なら収益を生み出す資産**となり得るかもしれません。

総じて，収益を生まない資産の購入は，借入金の返済がきつくなるのに利益が追いつかないということから，「**無理をして本社ビルを建てるな！**」ということなのです。

第 8 章　借入したので頑張る！

エピソードでは 2 つの設備投資をしています。すなわち，8 月に買ったパソコンと 14 月に買った高級車です。

8 月に買ったパソコンは，幸い第 6 章「売上アップ」にあるように「業務改善が進みました。**つまり設備投資が有効に機能**し始めました。そのお陰で，受注が 2 倍になりそうです。」とありました。

売上が 2 倍，つまり 1 個増えると 100 万円の売上増となり，売上原価 60 万円を差引くと 40 万円の粗利益になります。減価償却費 20 万円を引いても十分ペイできます。

まして，**パソコンは借入ではなく，すべて自己資金**で買っていますから返済や利息の心配もいりませんでした。

これに対して，14 月の高級車は 100% 借入です。しかも**これによって収益が増大したことはありません**。程度問題なのですが，購入動機がかねてから成功したら是非欲しいと思っていたという，「**必要な物ではなく，欲しい物**」を買ってしまったところに一番の問題があります。

技術畑出身の社長は，必要以上にマニアックな機械装置が欲しくなるようです。営業畑出身の社長は，高級車だったり，ゴルフ会員権や本社ビルだったりします。「**欲しいものは買うな。必要なものを買え！**」そして買う場合でも中古で対応できないか，賃貸できないかなど業績悪化の際に容易に「一抜けた！」とキャンセルできる方法が安全度が高いといえます。

その点，**間違いやすいものにリースがあります。**

途中解約で残存期間のリース料を払う必要があるリースは「一抜けた！」ができないものなのです。

❖ 解説8.「借入の返済は利益」とは？ ❖

(1)「借入の返済は利益だからな〜」となぜいうのですか？

この言葉も社長仲間でよく話されます。

「借入金の元本返済額は費用にならない」とういう意味や，借入金は貸借対照表の負債に計上され，その負債という「マイナスの財産が減るから利益」という意味から話されているようです。

しかし，借入金の元本を返済すると現金という資産も減りますので，貸借対照表上では借方貸方の両方が減るので，借入金の返済が，即利益になる訳ではないのです（エピソードの15月の⑥の取引参照）。

だから噂話の本質は，「利益が出て，その結果，現金という資産が増えて，返済原資ができたから返済した」ということなのです。

つまり，これを逆にたどれば，「**返済ができるということは，利益を出したからだよね**」ということになりますし，結果的に利益がないと返済できないというのが正解です。

「借入の返済は利益」を言葉どおりに信じるならば，利益を出したくないときは，借入返済をしなければよいことになってしてます。逆に利益を出すために借入返済をすればよいかといえば，そんなことはない訳で，借入返済に関係なく，すでにある利益は何ら，変わりありません。

(2) 借入の返済は費用にならない

同じようなこととして，**借入返済により現金がなくなっても税金は減少しません**。つまり借入の返済は費用ではありません。

それがエピソードの15月の⑥や20月の⑤の取引，そして第14章「税金がやってきた！」につながっていきます。

エピソードの2年目では，借入は車用に1,000万円と街金から500万円の合計1,500万円借りて，必死に返し切っています。しかし費用にはなっていません。

したがって利益は第14章P161で説明するように150万円出てしまいました（中小企業ではこのように本来喜ぶべき利益を，「出てしまった。」とよく表現します。なぜなら）そのため税金60万円を支払わねばならなくなるからです。

このようなことは**中小企業では日常茶飯事**です。資金繰りが苦しいから売り上げる。売り上げると何とか返済ができる，しかし税金がかかる……頭の痛いところです（解決策はⅡ「どうしたら良い」で）。

社長によくいわれます「こんなに一生懸命毎月200万円も返済しているのに費用にならないなんて！」と。

しかし私はこう説明してあげます。「社長，**毎月返済する200万円が費用になるなら，銀行から1,000万円借りたときに，1,000万円が収益にされちゃうよ**」と。すると社長は「……」。

これも社長はわかってはいるのです。頭でわかっていても，感情では割り切れないのです。要はこれをコントロールしなければならないのです。

第9章 支払手形に手を出す！

18月 19月 20月 21月 22月 23月 24月

「買掛金180万円の支払が今月の4日なのに…
現金が120万円しかない！」

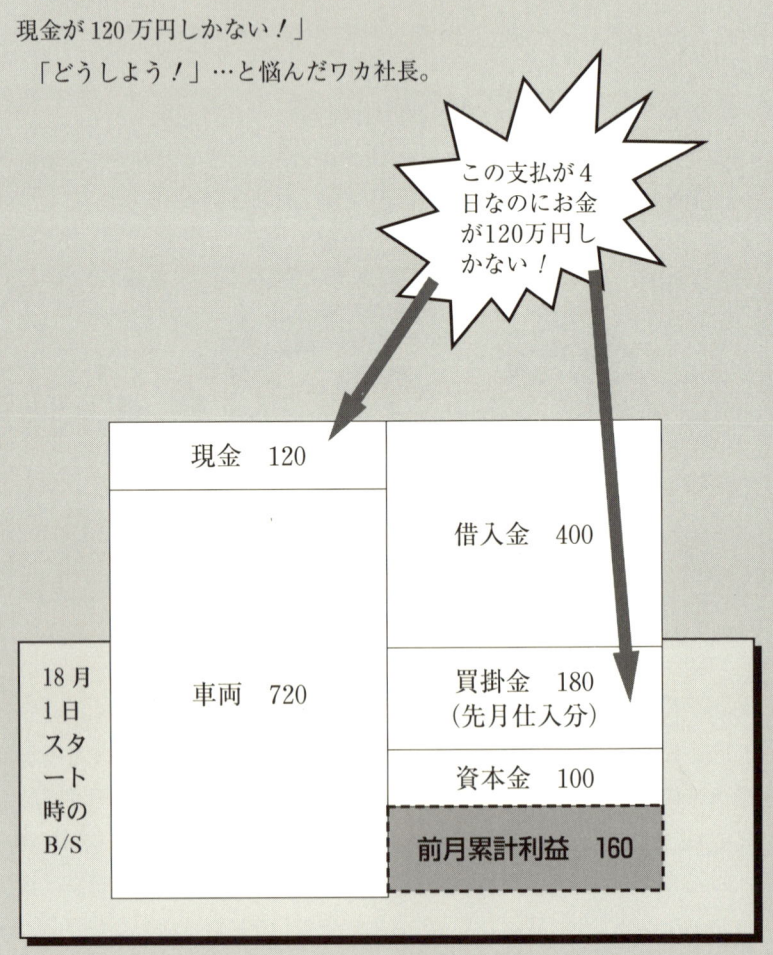

「どうしよう！」…と悩んだワカ社長。

> この支払が4日なのにお金が120万円しかない！

18月1日スタート時のB/S

資産	負債・資本
現金 120	借入金 400
車両 720	買掛金 180（先月仕入分）
	資本金 100
	前月累計利益 160

第9章 支払手形に手を出す！

友人の社長に相談したところ「支払手形」を使うことを勧められました。

「支払手形」は，見た目は小切手帳より一回り大きなサイズです。

小切手は当座預金に預金があることが前提で振り出しますが，支払手形は，当座預金に残高がなくとも，未来の一定の期日を指定して「〇〇万円支払います」と公に約束して振り出します。

「商人の通貨」ともいわれる手形は，それだけに厳しく，その期日には，否応なしに口座から引き落とされます。

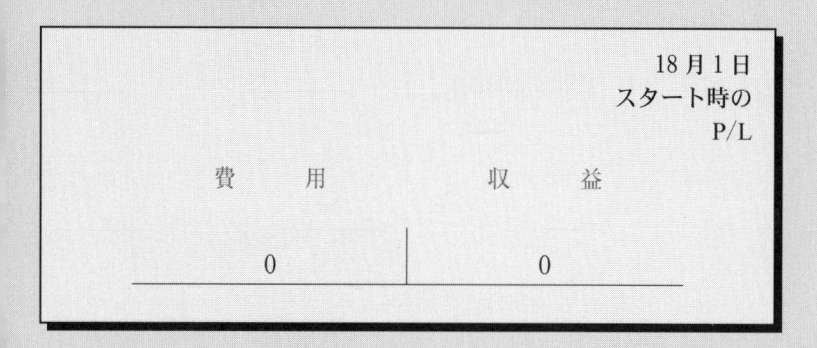

	18月1日 スタート時の P/L
費　　用	収　　益
0	0

18月
Action 1/2
19月 20月 21月 22月 23月 24月

支払手形を発行する

18月の最初に,買掛金の支払ができるだけお金がないので,支払手形180万円を発行して急場をしのいだ。だから下のように現金残高は変わりません。

NO.	日 付	摘　　要	入金	出金	残高
	17月30日	減価償却を70万円する			120
①	18月4日	買掛金180万円を支払手形でする		0	120

この瞬間,B/S は下のように,**買掛金が180減り**…代わりに**同額の支払手形が増え**ました。

※今回の仕訳　(借方)　買掛金　180　／　(貸方)　支払手形　180

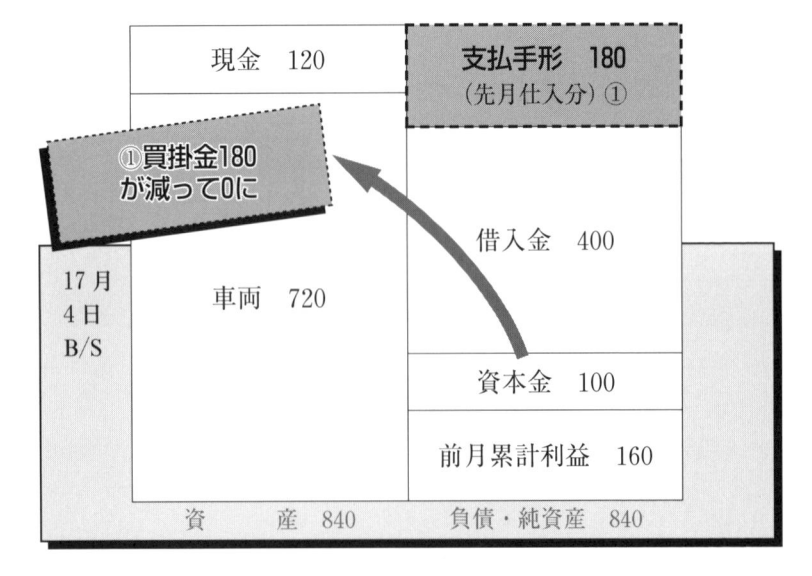

17月4日 B/S

現金 120	**支払手形　180** (先月仕入分) ①
車両 720	借入金 400
	資本金 100
	前月累計利益 160
資　産　840	負債・純資産　840

①買掛金180が減って0に

118

第9章　支払手形に手を出す！

　一方，P/L は，何ら変化はありません。買掛金という『負債』が減って，同じく『負債』の支払手形が増えただけで『収益』『費用』は動きません。

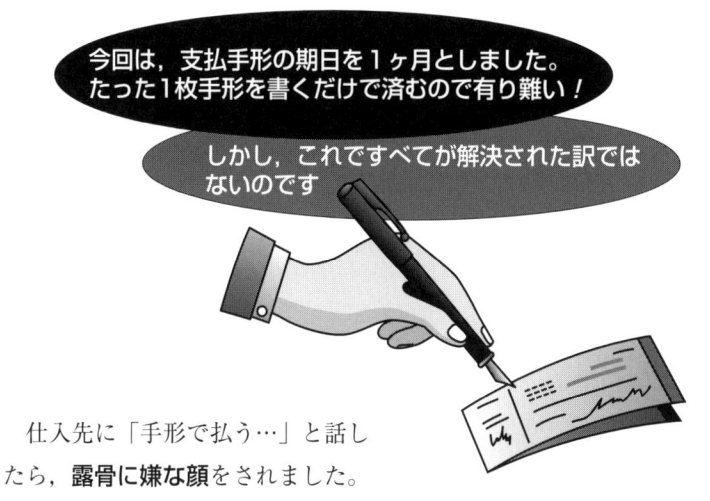

> 今回は，支払手形の期日を1ヶ月としました。たった1枚手形を書くだけで済むので有り難い！

> しかし，これですべてが解決された訳ではないのです

　仕入先に「手形で払う…」と話したら，**露骨に嫌な顔**をされました。

　それは当然で，相手も今月お金が入ってくると思っていたものが，入金されないのですから，渋られるはずです。

　そこでワカ社長は，支払手形の期日は1ヶ月と最低限にして，何とかお願いしました。**支払が悪いと仕入値段にも影響**しますから無理はできません。

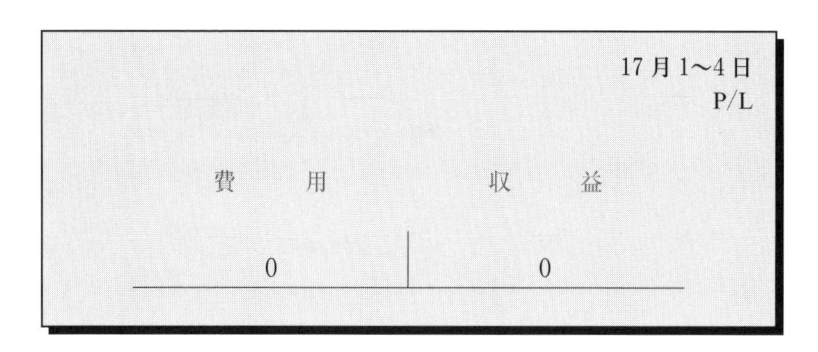

		17月1〜4日 P/L
費　　用	収　　益	
0	0	

18月
Action 2/2 19月 20月 21月 22月 23月 24月

前月と同様の取引をして、18月の月次決算をする

　18月の残りは「いつもの取引」です。すると今月は前ページの支払手形の振出しで仕入代金の支払がないので、60万円増えました。

NO.	日　付	摘　　　要	入金	出金	残高
①	18月4日	買掛金180万円を支払手形とする		0	120
②	18月5日	商品3個180万円を掛け仕入れた		0	120
③	18月6日	商品3個300万円で現金で売った	300		420
④	18月28日	給料30万円を現金で支払った		30	390
⑤	18月31日	借入金の返済(第4回)200万円する		200	190
⑥	18月31日	借入金の利息10万円を支払う		10	180
⑦	18月31日	減価償却を70万円する		0	180

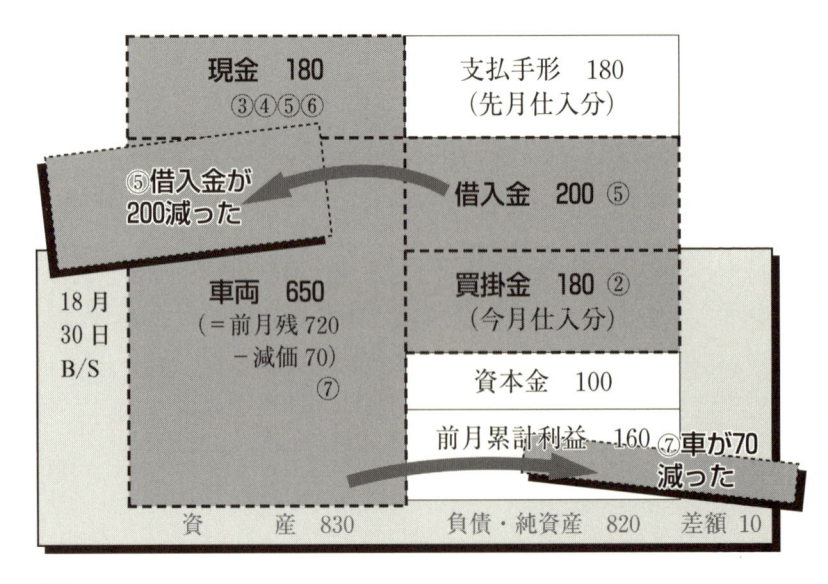

18月30日 B/S

現金　180 ③④⑤⑥	支払手形　180 (先月仕入分)
	借入金　200 ⑤
車両　650 (=前月残720 －減価70) ⑦	買掛金　180 ② (今月仕入分)
	資本金　100
	前月累計利益　160
資　産　830	負債・純資産　820　差額 10

⑤借入金が200減った

⑦車が70減った

第9章 支払手形に手を出す！

この結果，B/Sの**買掛金は②で180増え**，**借入金は⑤200減って残り200に**。**車は，⑦で償却費70分減って650**になりました。

一方，P/Lは16月から3ヶ月間同じで，利益10になりました。

「今月は厳しかったぁ！」…

……と，ワカ社長は感想を漏らす。しかし…

利益が10万円出て，お金は60万円増えて
一見とてもよさそうです。
しかし不安は翌月すぐにも表面化するのです！

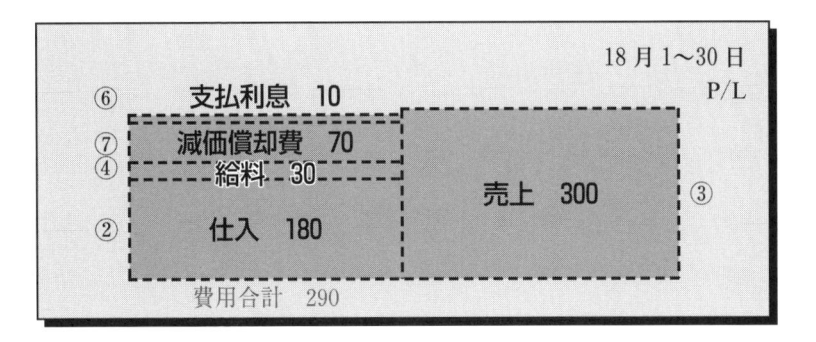

18月1〜30日
P/L

⑥ 支払利息 10
⑦ 減価償却費 70
④ 給料 30
② 仕入 180
費用合計 290

売上 300 ③

19月
Action 1/2
20月 21月 22月 23月 24月

支払手形の決済をする

19月になり，先月の支払手形の決済をしたら，**現金が0**になってしまった！

NO.	日 付	摘　　要	入金	出金	残高
	18月4日	買掛金180万円を支払手形とする		0	120
	18月5日	商品3個180万円を掛で仕入れた		0	120
	18月6日	商品3個300万円で現金で売った	300		420
	18月28日	給料30万円を現金で支払った		30	390
	18月31日	借入金の返済(第4回)200万円する		200	190
	18月31日	借入金の利息10万円を支払う		10	180
	18月31日	減価償却を70万円する		0	180
①	19月4日	**支払手形180万円を決済する**		180	0

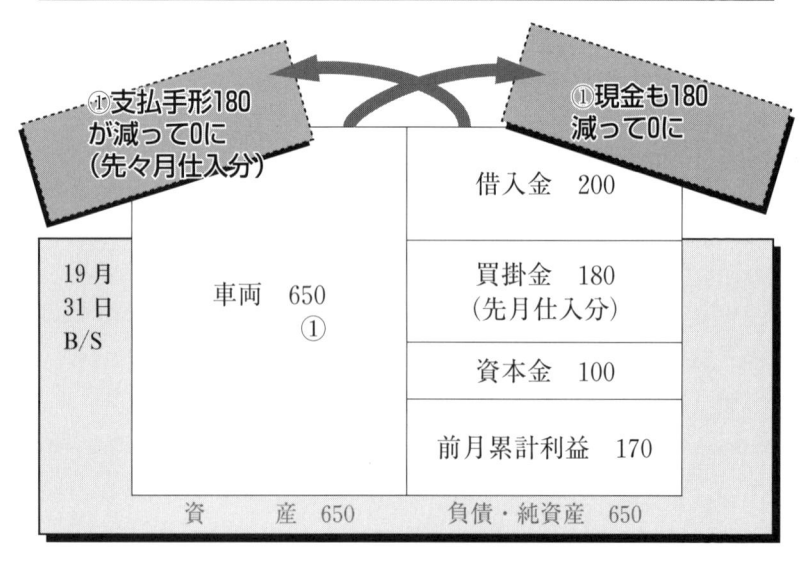

①支払手形180が減って0に（先々月仕入分）

①現金も180減って0に

19月31日 B/S

資産	負債・純資産
車両 650 ①	借入金 200
	買掛金 180 (先月仕入分)
	資本金 100
	前月累計利益 170
資　産　650	負債・純資産 650

122

第9章 支払手形に手を出す！

この瞬間，B/S は左のように**支払手形という『負債』は0になったものの現金も0になってしまいました。**

> 現金は最低が0。
> マイナスになったら即倒産！

一方，P/L は変化なし。支払手形の決済は『負債』が減って，現金という『資産』が減るだけだから，損益には影響しません。

しかも，同じ日に，先月仕入れ（左の現金出納帳の2行目）の買掛金180万円を支払わねばなりません。

でもお金が0円の大ピンチだから次のページで，また支払手形で切り抜けようとワカ社長は考えました。

「毎月，利益も出しているのに…」

「どうして，こんなことになってしまったんダぁ！」 とワカ社長は嘆く。

※今回の仕訳　（借方）　支払手形　180　／（貸方）　現　金　180

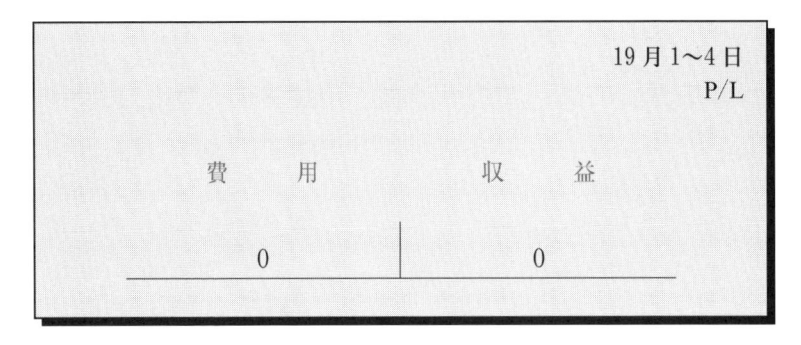

	19月1〜4日 P/L
費　用	収　益
0	0

19月 Action2/2　20月 21月 22月 23月 24月
前月と同様、支払手形と通常取引をして、19月の月次決算をする

　19月の残りの取引は、①でやむなく支払手形で買掛金を支払い、②からいつもの仕入と販売と給与の後、⑤⑥で最後の借入返済と利息を支払い、⑦で減価償却を行うと…現金は0から60まで回復しました。

NO.	日　付	摘　　　要	入金	出金	残高
①	19月4日	買掛金180万円を支払手形とする		0	0
②	19月5日	商品3個180万円を掛け仕入れた		0	0
③	19月6日	商品3個300万円で現金で売った	300		300
④	19月28日	給料30万円を現金で支払った		30	270
⑤	19月31日	借入金の返済(第5回)200万円完済		200	70
⑥	19月31日	借入金の利息10万円を支払う		10	60
⑦	19月31日	減価償却を70万円する		0	60

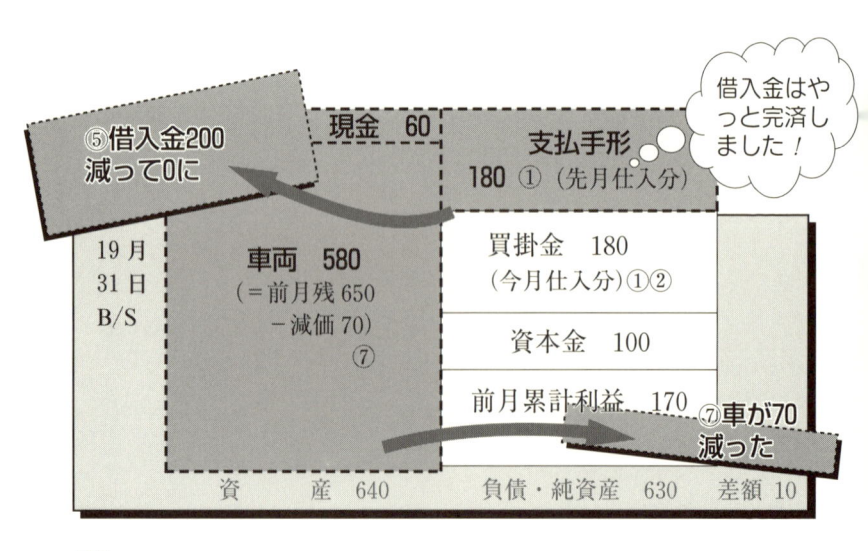

⑤借入金200 減って0に

借入金はやっと完済しました！

19月 31日 B/S

現金　60

支払手形 180 ①（先月仕入分）

車両　580 （＝前月残650 －減価70） ⑦

買掛金　180 （今月仕入分）①②

資本金　100

前月累計利益　170

⑦車が70 減った

資　産　640　　負債・純資産　630　　差額　10

第9章　支払手形に手を出す！

これらの結果，左のB/Sは①で再び支払手形が増えました。
買掛金は①で減って②で再び増えたので金額は変わらずです。
⑤で借入金の返済をすると，これで返済は完了しました。やれやれです。

一方，P/Lは16月から4ヶ月間，まったく同じで，利益は10です。
しかし，これでは来月初めに①の支払手形180万円の決済ができません！

> 支払手形の決済ができないことを「不渡り」といい
> これを2回やると事実上の倒産です！　さあ大変だ！

日程に余裕があれば，銀行借入などができますが…

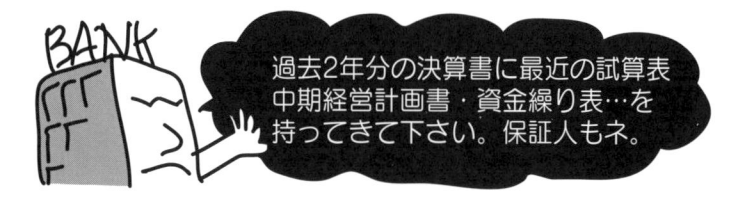

> 過去2年分の決算書に最近の試算表
> 中期経営計画書・資金繰り表…を
> 持ってきて下さい。保証人もネ。

銀行などは，どうしてもすぐには借りられないことが多いんですよね。
どうする？　ワカ社長！

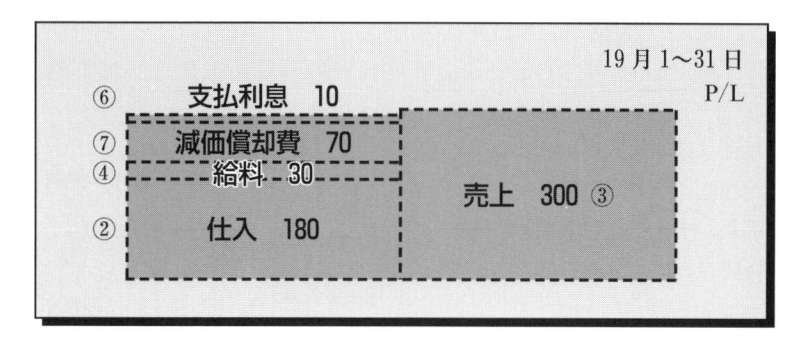

```
                                          19月1〜31日
                                                P/L
⑥     支払利息 10
⑦     減価償却費 70
④     給料 30
                              売上 300 ③
②     仕入 180
```

❖ 解説 9. 支払手形がなければ倒産なし！❖

(1)「支払手形がなければ倒産しない」と社長仲間からいわれますが？

本当です。これは言葉どおり受け取って結構です。

支払手形を振出した場合には、手形の決済期日に必ず決済しなければなりません（エピソード第9章18月・19月）。

また、受取手形に裏書保証をして銀行で割引いて現金化したりした場合に、手形の振出人が資金不足で決済されなかった場合には、裏書人が決済しなければなりません（エピソード第12章22月～24月）。

期日に決済できない場合、手形の「**不渡り**」の発生といい、それが2回できないと「**倒産**」となります。

だからこそ、支払手形がないと倒産しないといわれているのです。

銀行借入を返済できなくても即倒産しません。銀行と返済条件について交渉すれば延命できるからです。しかし、**手形の不渡りは延命できません**。手形は「商人の通貨」と呼ばれる信用経済の根本だからです。

(2) 支払手形は麻薬

エピソードの第9章18月で支払手形に手を出してしまいました。すると**いとも簡単に買掛金の支払が延期されてしまいました。これが怖い**のです。支払が免除された訳ではありませんから、問題が先延ばしになっただけです。期日には支払わねばなりません。しかしたった1枚自分で書いて切る（発行する）だけで**宿題の提出期限が延長されたようなものですから**、とても手軽です。

それは麻薬と同じです。**そのとき，気分がよくなっても，その分副作用**が起こります。エピソードでも，この後かく乱される姿が出てきます。

しかも楽になるのは**最初の1回だけ**なのです。後は順繰りに先送りされるだけですから。

しかも支払手形を止めようとするとき，麻薬と同様に**禁断症状**がでます。

それで苦しむのがエピソードの23月の①②の取引です。つまり支払手形を決済するのと，新たな発行をしないことによる買掛金の同時支払になるのです。

(3) B/Sの上から順に危険度が分かる

一般にB/Sの右側の上ほど手軽に資金調達ができます。気軽にできるということは，それだけリスクも高いということです。

エピソードでも18月の「支払手形」に**追い込まれる前に資金繰りを考え，銀行に申込めば**，より安全性の高い「長期借入金」の手当てができたのでしょう（エピソードでは，それに懲りて第11章22月で資金繰り表を作っています。）。

```
B/S（右側）
支払手形
短期借入金
買掛金
未払金
長期借入金
資本金（増資）
剰余金
（利益の積立）
```

中小企業ではおいそれとはできませんが，「資本金」の増資は，返済不要ですから資金調達としては有益です。しかし出資頂く方に説明し納得させたりしなければなりませんから大変です。さらにその下の「剰余金」は経営努力で稼ぎ出す訳ですから返済不要で一番安全かつ最適です。しかし最も困難です。

(4) 支払手形をなくす決心

支払手形がなければ即倒産はありませんから，万難を排して止めねばなりません。しかし止めるには禁断症状がでますから事前に手を打っておかねばなりません。これにも痛みが伴いますから，まず**確固たる決意が不可欠**です。

第10章 サラ金から借入をしてしまう！

20月 21月 22月 23月 24月

支払手形の期日は今月4日。しかし今日は，もう3日だ！

180万円の支払手形を落とす（決済する）ための現金は60万円しかない。

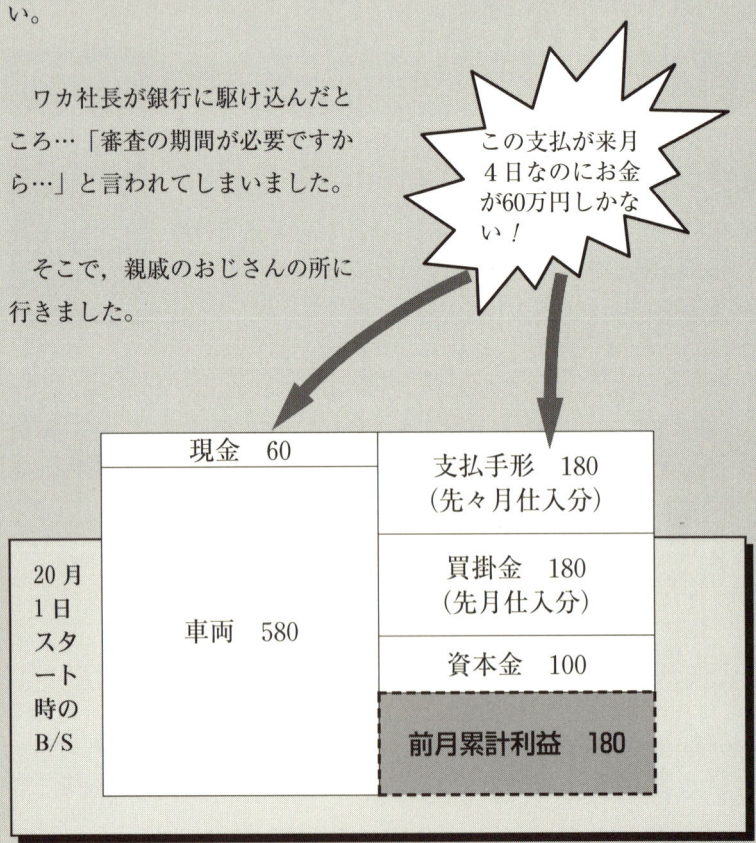

ワカ社長が銀行に駆け込んだところ…「審査の期間が必要ですから…」と言われてしまいました。

そこで，親戚のおじさんの所に行きました。

> この支払が来月4日なのにお金が60万円しかない！

20月1日スタート時のB/S

現金 60	支払手形 180（先々月仕入分）
車両 580	買掛金 180（先月仕入分）
	資本金 100
	前月累計利益 180

第10章 サラ金から借入をしてしまう!

しかし，駄目でした。そして言われてしまいました。
「あの高級車を売れ!」と。

せっかく，無理して念願の車を買って，ようやく返済も終わったのに…
慌てて売っても1日では売れないし，売れても足許を見られて2束3文だし…

そこで，ワカ社長は…
「この苦境を乗り切りさえすれば」，と「少し金利が高いけれど直ぐに返せば大した金利にもならないのでサラ金から借入をしよう」と考えました。

費　用	収　益
0	0

20月1日
スタート時の
P/L

20月 Action 1/3
21月 22月 23月 24月
サラ金で借り入れた

20月の初め，とうとう街金から500万円を借入れてしまいました！

NO.	日 付	摘　　要	入金	出金	残高
	19月31日	減価償却を70万円する		0	60
①	20月3日	**街金から500万円を借り入れた**	500		560

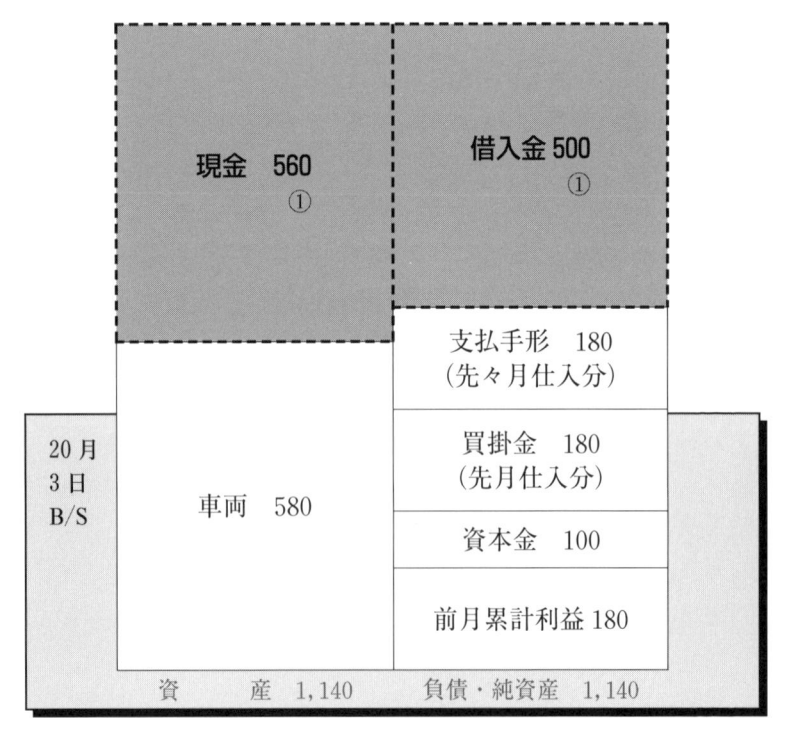

20月3日 B/S

資　　産	負債・純資産
現金　560 ①	借入金 500 ①
車両　580	支払手形　180 （先々月仕入分）
	買掛金　180 （先月仕入分）
	資本金　100
	前月累計利益 180
資　　産　1,140	負債・純資産　1,140

第 10 章　サラ金から借入をしてしまう！

さすが，街金。即決で貸してくれました。この瞬間，左のように B/S は**借入金が 500 増え，同額の現金が増え**ました。

※今回の仕訳　（借方）　現　金　500　／　（貸方）　借入金　500

一方，P/L は何ら変化がありません（実際は借入の際に金利を取るのが街金の世界ですが，今回は返済時ということにしています。）。

（また，街金では借入金の返済資金まで貸してくれるので，借入額が必要以上に膨らむのです。）

しかし，これで一息つきました…だが本当だろうか？

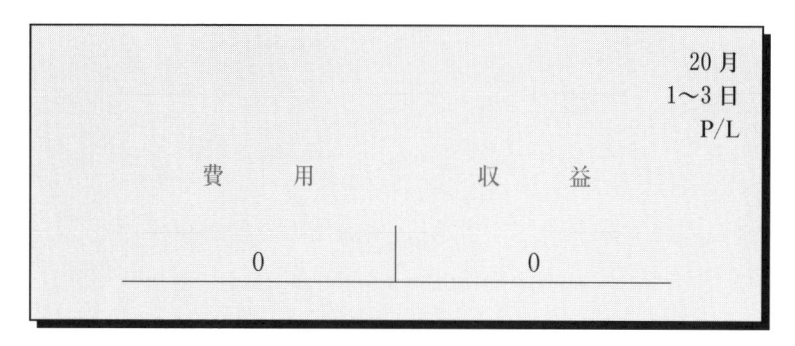

費　用	収　益	20 月 1〜3 日 P/L
0	0	

20月 Action2/3　21月 22月 23月 24月
支払手形を決済する

支払手形 180 万円を決済し，現金残は 380 万円となりました。

NO.	日　付	摘　　　要	入金	出金	残高
	20 月 3 日	街金から 500 万円借り入れた	500		560
①	20 月 4 日	支払手形 180 万円を決済した		180	380

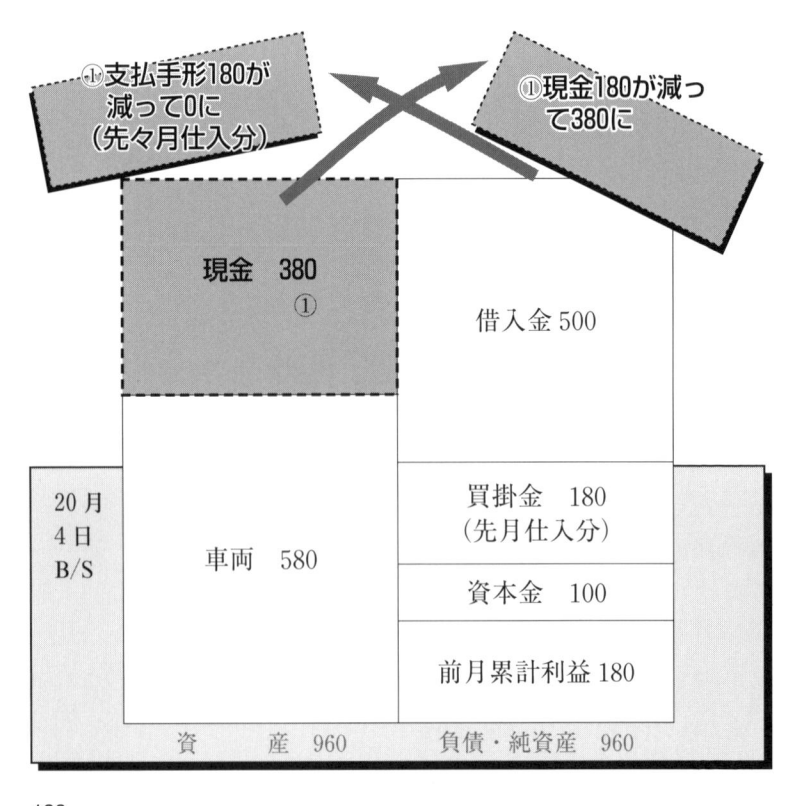

①支払手形180が減って0に（先々月仕入分）

①現金180が減って380に

20月4日 B/S

現金　380　①

車両　580

借入金　500

買掛金　180（先月仕入分）

資本金　100

前月累計利益　180

資　産　960　　負債・純資産　960

第 10 章　サラ金から借入をしてしまう！

　この瞬間，左のように B/S は**支払手形と現金が同額の 180 減り**ました。これで何とか支払手形をクリアした。ほっとしました。

　これも P/L は無関係です。

> 売上に関係ないことに翻弄されて，資金繰りだけで，こんなに辛い！！

> 資金繰りに駆け回るために，起業したのではないのに，なぜだ！！

　現金残高は 380 ありますが，次のページの買掛金の支払は，またも支払手形でしなければなりません。なぜなら，直ちに街金への返済（500万円を 2 回分割払い）がやってくるからです。

　万が一，売れないことも考えて…

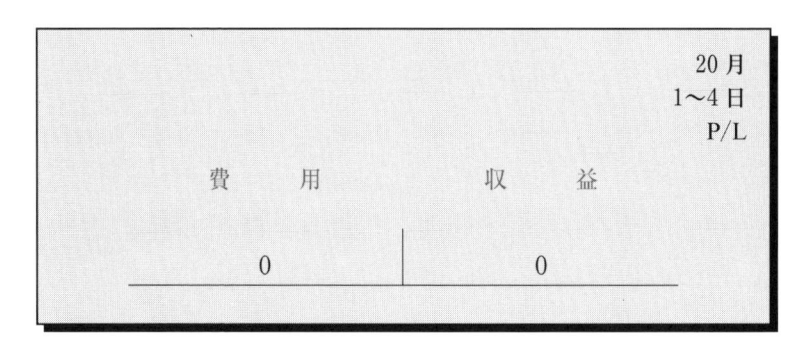

		20 月 1〜4 日 P/L
費　　用	収　　益	
0	0	

20月 Action3/3 21月 22月 23月 24月
通常取引と街金の返済と利息を払い、20月の月次決算をする

20月の続きは「いつもの取引」の後、加わったのは⑤で街金への返済250万円、⑥金利10万円です。これで現金残は390万円です。

NO.	日 付	摘　　要	入金	出金	残高
①	20月4日	買掛金180万円を支払手形で支払う		0	380
②	20月5日	商品3個180万円を掛けで仕入れた		0	380
③	20月6日	商品3個300万円で現金で売った	300		680
④	20月28日	給料30万円を現金で支払った		30	650
⑤	20月31日	街金の借入金返済(前半)250万円支払		250	400
⑥	20月31日	街金の利息10万円を支払う		10	390
⑦	20月31日	減価償却70万円をする		0	390

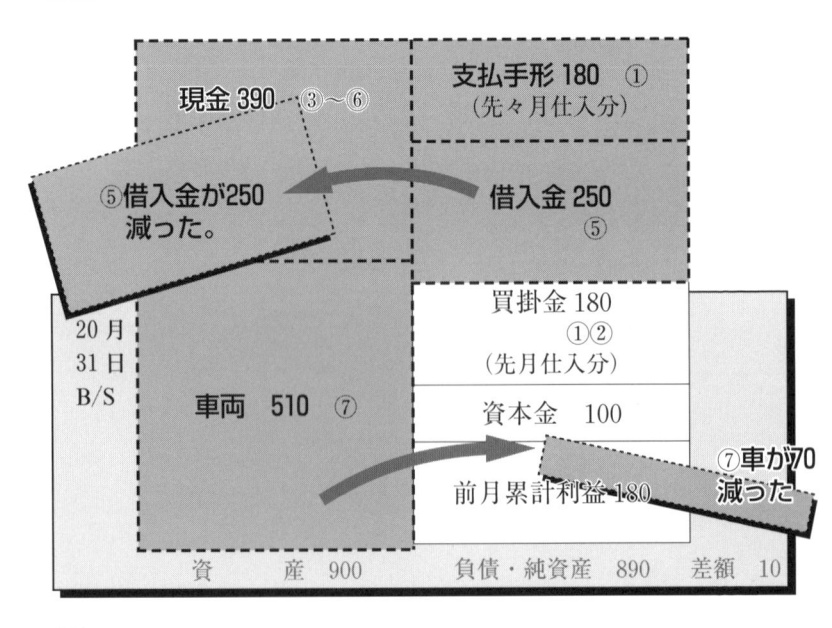

20月31日 B/S

現金 390 … ③〜⑥
支払手形 180 ①
（先々月仕入分）

⑤借入金が250減った。
借入金 250 ⑤

買掛金 180 ①②
（先月仕入分）

車両 510 ⑦
資本金 100

⑦車が70減った

前月累計利益 180

資　産　900　　負債・純資産　890　　差額　10

第 10 章　サラ金から借入をしてしまう！

これらの結果，左の B/S は①で支払手形がまた増え，買掛金は，①で減ったものの，②で，再び増えて元どおりの 180 になった。

短期借入金は，⑤で 250 減り残り 250 に。償却はいつものとおり 70。

一方，P/L は今月も同じで，利益は 10 出ました。これで 5 ヶ月連続 10 ずつの利益を出し続けています。

> しかし一向に資金繰りは良くらない。
> もっと利益を出すために売上を 4 個体制にしなければ…

「街金の返済は来月で終わるので，立て直すためにも考えねば…」
「事務的な仕事はパートを採用して任せないと私だけでは…売上を上げる暇がない。」

さらに，そのためには仕入先に 4 個体制にするために依頼をしに行かねばなりません。しかも仕入先からは支払手形は嫌な顔をされています。

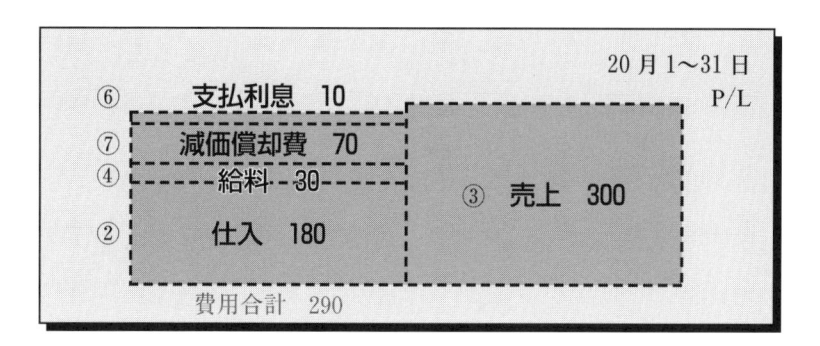

```
                                    20 月 1～31 日
⑥   支払利息  10                         P/L
⑦   減価償却費 70
④   給料 30           ③  売上  300
②   仕入 180

     費用合計  290
```

21月
Action 1/1　22月 23月 24月
前月と同様の取引を行い、21月の月次決算をする

21月は1ヶ月をまとめると、現金はさらに減り220万円になりました。

NO.	日　付	摘　　　要	入金	出金	残高
①	21月4日	支払手形180万円を決済する		180	210
②	21月4日	買掛金180万円を支払手形で支払う		0	210
③	21月5日	商品3個180万円を掛けで仕入れた		0	210
④	21月6日	商品3個300万円で現金で売った	300		510
⑤	21月28日	給料30万円を現金で支払った		30	480
⑥	21月30日	街金の借入金返済(後半)250万円支払		250	230
⑦	21月30日	街金の利息10万円を支払う		10	220
⑧	21月30日	減価償却70万円をする		0	220

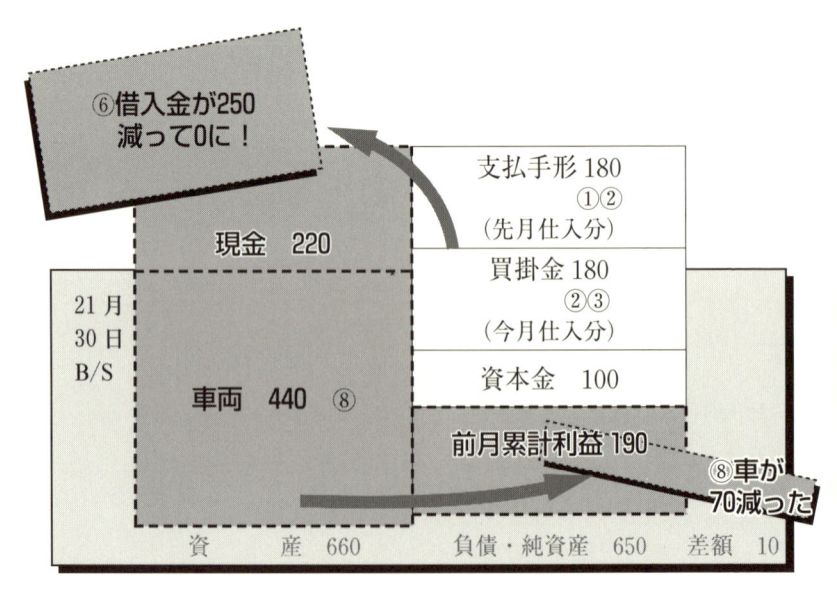

⑥借入金が250減って0に！

⑧車が70減った

21月30日 B/S

資産	負債・純資産
現金　220	支払手形180 ①② (先月仕入分)
	買掛金180 ②③ (今月仕入分)
車両　440　⑧	資本金　100
	前月累計利益 190
資　産　660	負債・純資産　650　差額　10

第10章　サラ金から借入をしてしまう!

　その結果，左のB/Sのように**支払手形は①で減って，②でまた増え**たので変化なし。買掛金も，**②で減って③で増えて**変わらずです。
　借入金は⑥で250減って，やっと完済しました!!
　車の償却はさらに70減って，440となりました。

　一方，P/L は今月も利益が 10 出ました。これで **6ヶ月連続で10ずつ利益を出し続けています。**

> 6ヶ月連続利益なのに何故，こんなに資金繰りが厳しいのだろう？？？

　2ページ前に，4個体制にするためにパートの採用を検討していましたが本日，面接をして，給与締め切りの翌日21日から出社してもらっている。

　今の現金残高が220だから…来月4日の支払手形の決済180はできそうだ…だが，**何だかややこしくなってきたので，次のページのように資金繰りの計画を立てて見ました。すると大変なことがわかったのです！**

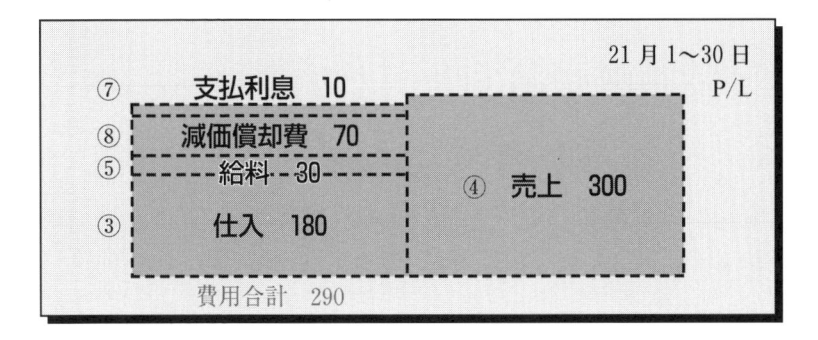

```
                                          21月1〜30日
                                                P/L
⑦   支払利息  10
⑧   減価償却費 70
⑤   給料 30              ④   売上 300
③   仕入 180

    費用合計 290
```

第11章 手形の支払を延期する！

22月 23月 24月

　来月早々に期日の来る支払手形の180万円は現金が220万円あるので，何とか払えそう。

　でも，本当にこれでよいのだろうか？

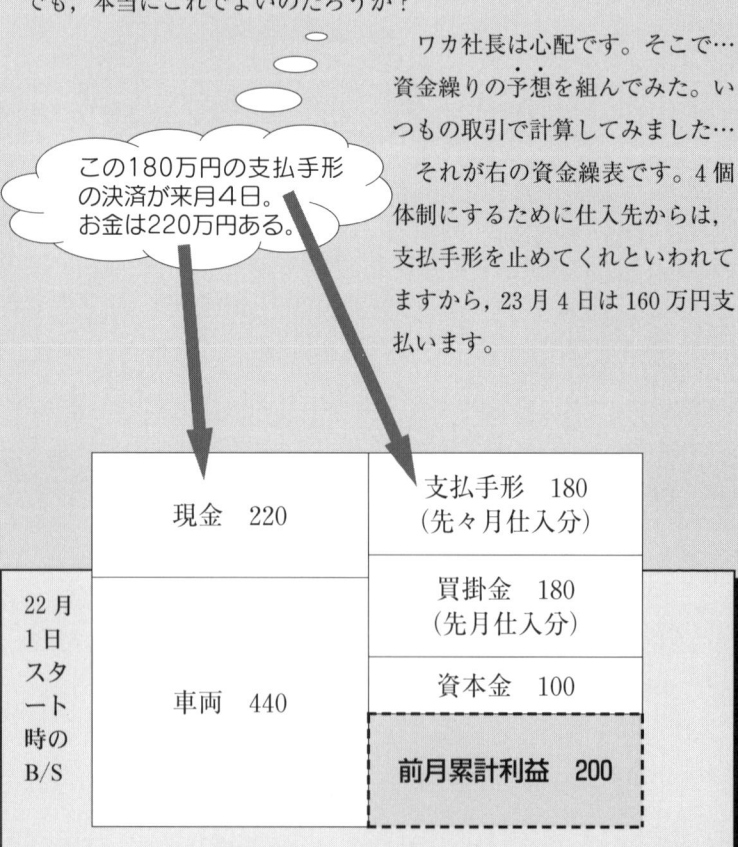

> この180万円の支払手形の決済が来月4日。お金は220万円ある。

　ワカ社長は心配です。そこで…資金繰りの予想を組んでみた。いつもの取引で計算してみました…

　それが右の資金繰表です。4個体制にするために仕入先からは，支払手形を止めてくれといわれてますから，23月4日は160万円支払います。

22月1日スタート時のB/S

資産	負債・純資産
現金　220	支払手形　180（先々月仕入分）
	買掛金　180（先月仕入分）
車両　440	資本金　100
	前月累計利益　200

第 11 章 手形の支払を延期する！

日 付	摘　　要	入金	出金	残高
21月31日	減価償却を70万円する		0	220
22月 4日	**支払手形180万円を決済する**		180	40
22月 4日	買掛金180万円を支払手形で支払う		0	40
22月 5日	商品3個180万円を掛けで仕入れる		0	40
22月 6日	商品3個300万円で現金で売る	300		340
22月28日	給料30万円を現金で支払う		30	300
22月31日	減価償却70万円をする		0	300
23月 4日	**支払手形180万円の決済をする**		180	120
23月 4日	**買掛金160万円を支払う**		180	▲60

すると…今月（22月）は何とかクリアしても，来月初めには**▲60万円の資金ショート（不足）が起きてしてしまう**ことがわかったのでした。

▲…これを放置しておけば，倒産ということになってしまう！

そこでワカ社長は，今月4日に期日の来る支払手形（上表の2行目）のジャンプ（期日延長）をお願いしに，仕入先にいくことにしました。

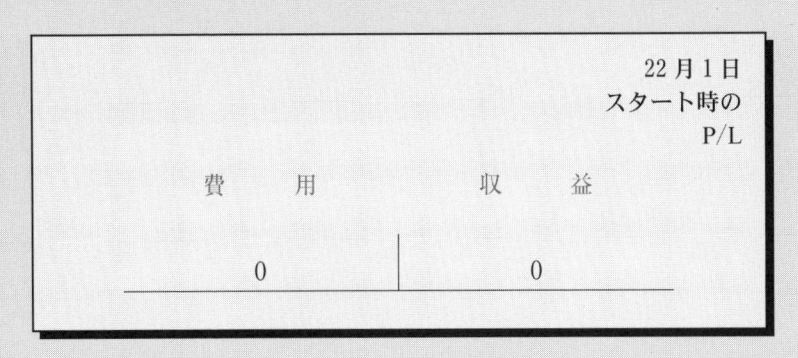

```
                              22月1日
                              スタート時の
                              P/L

   費　用            収　益

     0                0
```

139

22月 23月 24月
Action 1/3 手形の支払延期を認めてもらった

　手形が決済できないので、さらに期日を遅くした手形と「交換」してもらうと、実質的には決済（支払）を延期してもらったことになります。

　そこで、22月の最初に①で、手形を交換してもらい、②で買掛金の支払のために、支払手形を振出しました。この手形も1ヶ月延期してもらって2ヶ月後の支払としてもらいました。

NO.	日　付	摘　　　要	入金	出金	残高
①	22月4日	支払手形180万円を交換する		0	220
②	22月4日	買掛金180万円を支払手形で支払う		0	220

　この結果、下のB/Sのように、**支払手形は①では、交換ですから180のまま。しかし、②で180増えて360になってしまいました。**

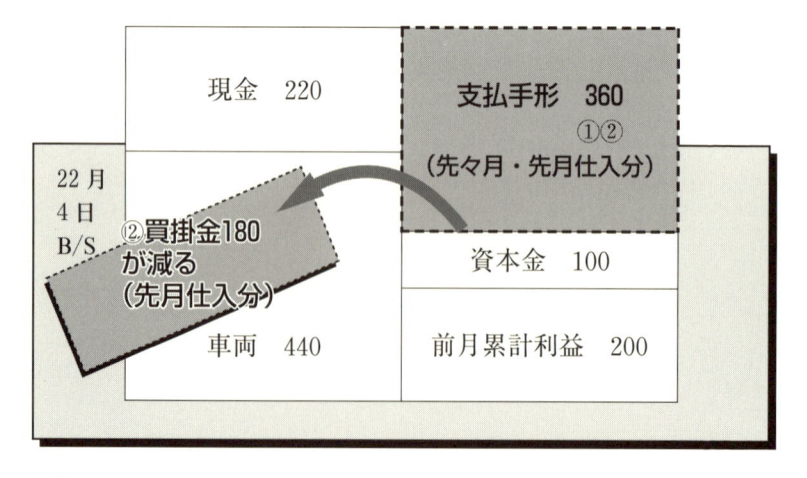

22月4日 B/S

現金　220	支払手形　360 ①② （先々月・先月仕入分）
②買掛金180が減る（先月仕入分）	資本金　100
車両　440	前月累計利益　200

第 11 章 手形の支払を延期する！

買掛金は②で 180 減って 0 になりました。

一方，P/L は例によって変化がありません。
『負債』が増えたり減ったりしただけなのです。

※今回の仕訳 （借方）　支払手形　180 ／（貸方）　支払手形　180
　　　　　　　　　　買　掛　金　180 ／　　　　　支払手形　180

ワカ社長は，**段々，いつの分の支払をするのかわからなく**なってきました。

	22月1〜4日 P/L
費　　用	収　　益
0	0

第12章 逆に手形を貰ってしまった！

22月 23月 24月

ビジネスは，自分の都合だけでは進みません。

相手の状況によっても影響を受けるのです。

だから…連鎖倒産も起こるのです。

お客様の都合で，現金での集金ができなくなったらどうしましょう。

ワカ社長も，3個販売した無理がたたって，1個が手形取引となってしまうことになります。

22月4日 B/S		
現金　220	支払手形　360 （先々月・先月仕入分）	
車両　440	資本金　100	
	前月累計利益　200	

第12章 逆に手形を貰ってしまった！

ワカ社長も，支払手形を振出したことがあるので，手形を振出す気持ちもわからなくない…

しかし，手形は貰ってみると，実に嫌なものかわかります。

> 手形をもらっても直ぐにはお金にならない‥‥

それでも売掛金として残しておくより手形で貰った方がよいのです。

なぜなら，手形なら相手も不渡りになったら信用問題で，倒産に直結してしまうから「期日に決済しよう！」と必死になるからです。

会計の上では，受け取った手形は「**受取手形**」という勘定科目で表現します。

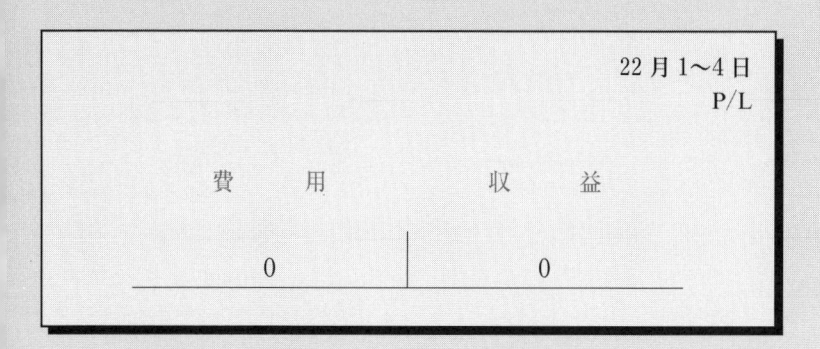

	22月1～4日 P/L
費　用	収　益
0	0

22月 23月 24月
Action2/3 現金売りだった3個の内, 1つが手形販売になってしまった

続いて③3個掛け仕入れしたので3個を売りたかったのですが, ④で2個現金売り200万円, ⑤で1個は手形販売になってしまいました。この結果現金残高は420万円となりました。

NO.	日付	摘要	入金	出金	残高
②	22月4日	買掛金180万円を支払手形で支払う		0	220
③	22月5日	商品3個180万円を掛けで仕入れた		0	220
④	22月6日	商品2個200万円で現金で売った	200		420
⑤	22月6日	商品1個100万円で**手形販売**した	0		420

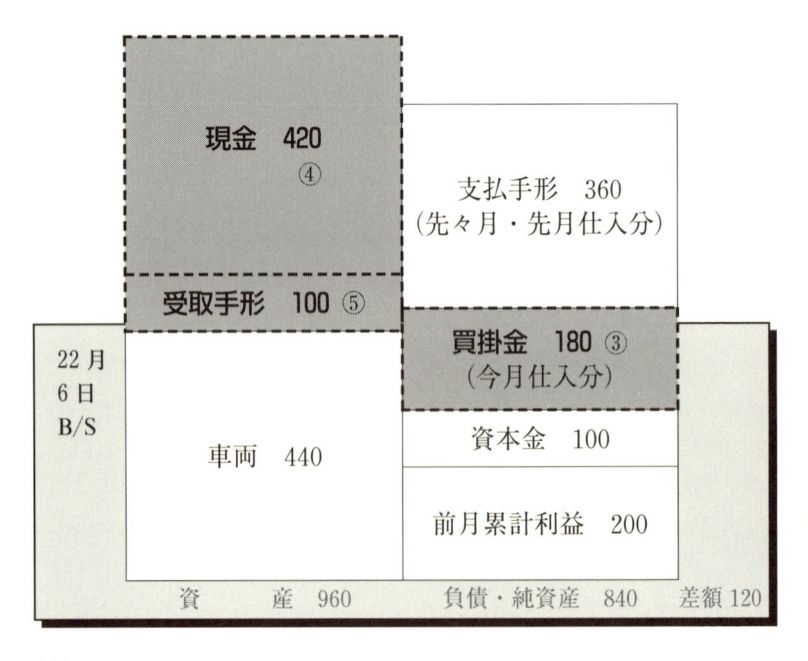

22月6日 B/S

- 現金 420 ④
- 受取手形 100 ⑤
- 車両 440
- 支払手形 360（先々月・先月仕入分）
- 買掛金 180 ③（今月仕入分）
- 資本金 100
- 前月累計利益 200

資産 960　　負債・純資産 840　　差額 120

第 12 章　逆に手形を貰ってしまった！

この結果，B/S は左のように③で**買掛金が 180 増え**…
⑤**で受取手形が 100 増え**ました。

一方，P/L は，手形で売って，お金が入ってこなくても，売上には違いありません。だから下のように④と⑤とで，**売上は 300** になりました。

でも，売上 300 の内，現金は 200 で，残りは受取手形ということは P/L ではわかりません。B/S を見るとわかります。同様に仕入の 180 も現金でなく掛け仕入というのは B/S でしかわかりません。

※今回の仕訳　（借方）　仕　　入　180　／（貸方）　買掛金　180
　　　　　　　　　　　現　　金　200　／　　　　　売　上　200
　　　　　　　　　　　受取手形　100　／　　　　　売　上　100

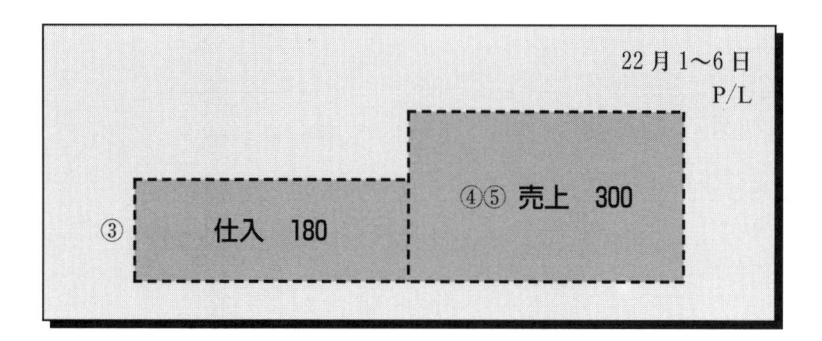

```
                                         22 月 1〜6 日
                                              P/L

                         ④⑤ 売上   300

   ③       仕入   180
```

22月 23月 24月
Action3/3 パート給と前月同様の取引で月次決算をする

続いて⑥給料は，パート分の給料が10万円増えて合計40万円，⑦減価償却70万円をしました。そして現金の残は380万円となりました。

NO.	日 付	摘 要	入金	出金	残高
⑤	22月6日	商品1個100万円で手形で売った	0		420
⑥	22月28日	給料40万円を現金で支払った		40	380
⑦	22月31日	減価償却70万円をする		0	380

この結果，B/Sは下のように**現金は出納帳のとおり380**になりました。

車は今月も70の償却分減り370となりました。

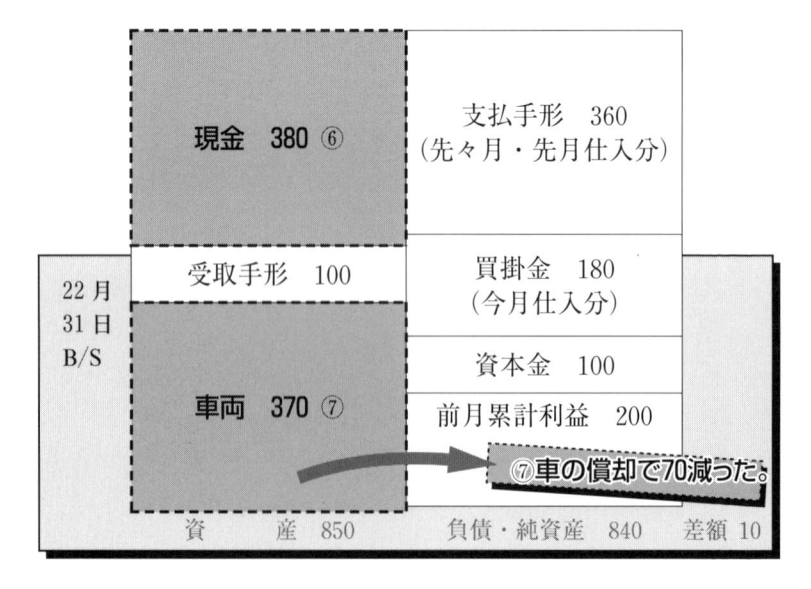

現金 380 ⑥	支払手形 360 （先々月・先月仕入分）
受取手形 100	買掛金 180 （今月仕入分）
	資本金 100
車両 370 ⑦	前月累計利益 200

⑦車の償却で70減った。

22月31日 B/S

資　産 850　　負債・純資産 840　　差額 10

第12章 逆に手形を貰ってしまった！

一方，P/L は大きな変化がありました。
今月からパートの**給料 10 が増えて 40** になりました。

> 何とか
> 給料は
> 支払わなくちゃ

しかし，街金の返済は先月終わったので，今月の支払利息 10 はありません。
このため，今月の利益はプラスマイナス 0 で，何と，16 月～22 月までの 7 ヶ月間，**利益は同じ 10** だったのです。それでも資金繰りの苦しいこと……

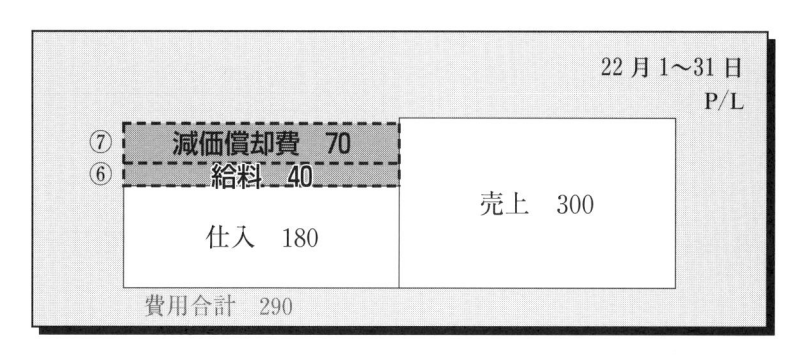

```
                                          22月1～31日
                                                P/L
⑦  減価償却費  70
⑥     給料   40          売上  300
       仕入  180

   費用合計  290
```

147

23月 24月
Action 1/3 延期した支払手形を決済し、買掛金も支払った

23月になりました、下のように①先月延期してもらった支払手形180万円と②買掛金180万円を支払うと、現金の残高は20万円になりました。

NO.	日 付	摘　　要	入金	出金	残高
	22月31日	減価償却を70万円する		0	380
①	23月4日	支払延期した支払手形180万円を決済した		180	200
②	23月4日	**買掛金180万円を支払った**		180	20

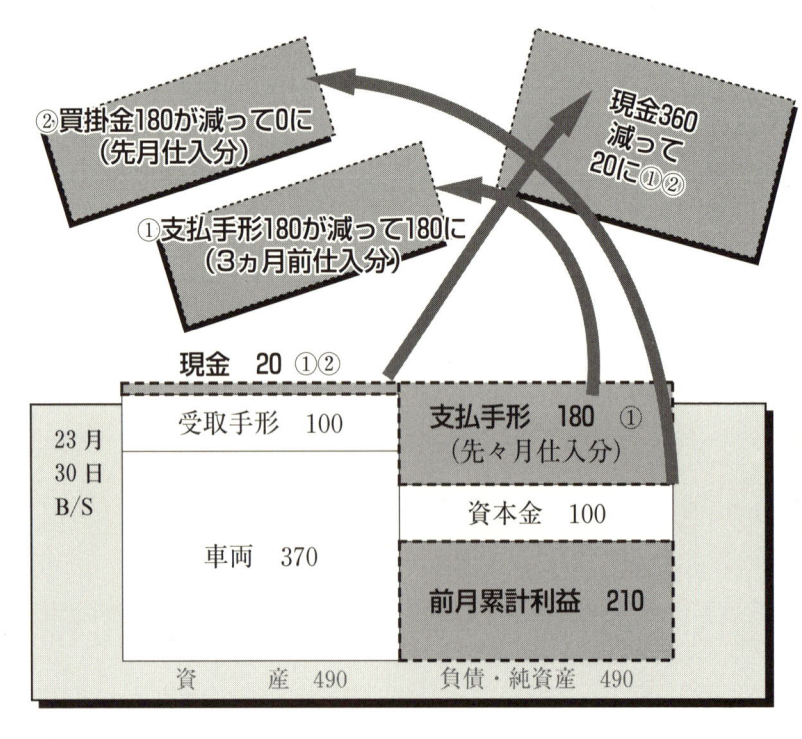

②買掛金180が減って0に
（先月仕入分）

①支払手形180が減って180に
（3ヵ月前仕入分）

現金360
減って
20に①②

23月30日 B/S

現金　20　①②

受取手形　100	支払手形　180　①
	（先々月仕入分）
	資本金　100
車両　370	前月累計利益　210
資　　産　490	負債・純資産　490

第 12 章　逆に手形を貰ってしまった！

　この結果，B/S は①で 360 あった支払手形が 180 減って，残り 180 になりました。そして②で買掛金は，支払ったので 0 になりました。

　買掛金を現金で払った理由は，今月（次ページ）から **4 個販売体制にしていくため，仕入れも 4 個にする条件として，仕入先からは支払手形による取引は断られた**からでした。

　このため現金の残りは 20 になってしまいました。

　支払延期をしてもらった結果，**いつの分の支払手形かわからなくなってしまう**ことがあります。今回のは 21 月に振り出して，先月 22 月に延期してもらった分ですね。実務では 3 ヶ月位の期日の手形が多いので，その間に次の手形，さらに次の手形と出てきてます。金額も当然変化する上に，入金とのタイミングをとらなければならず，期日の変更がある**と資金繰りが大変**になります。

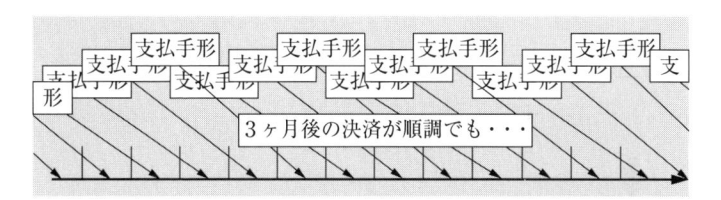

一方，P/L では…**こんなに支払っても，もちろん『費用』ではありません。**

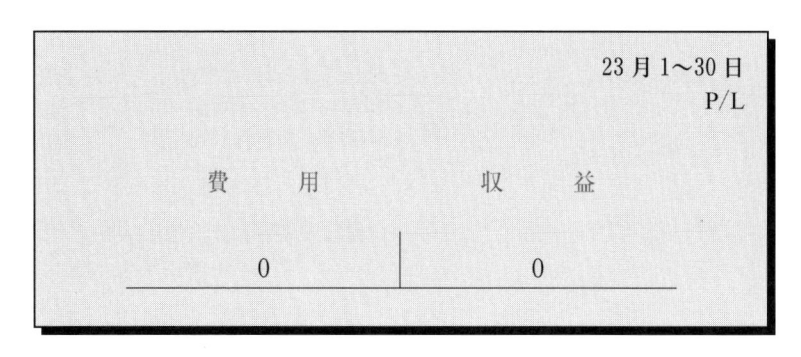

		23 月 1〜30 日 P/L
費　用		収　益
0		0

23月 24月
Action2/3 4個仕入れ、3個現金売り、1個手形売りした

続いて③4個掛け仕入れ，④3個現金売り300万円，⑤1個手形売り，⑥給与40万円，⑦減価償却の結果，現金は280万円になりました。

NO.	日 付	摘　　要	入金	出金	残高
②	23月4日	買掛金180万円を支払手形で支払う		0	20
③	23月5日	商品4個240万円を掛けで仕入れた		0	20
④	23月6日	商品3個300万円で現金で売った	300		320
⑤	23月6日	商品1個100万円で手形販売した	0		320
⑥	23月30日	給料40万円を支払った		40	280
⑦	23月30日	減価償却費を70万円計上した		0	280

この結果，B/Sは③の4個仕入で，買掛金が240になりました。

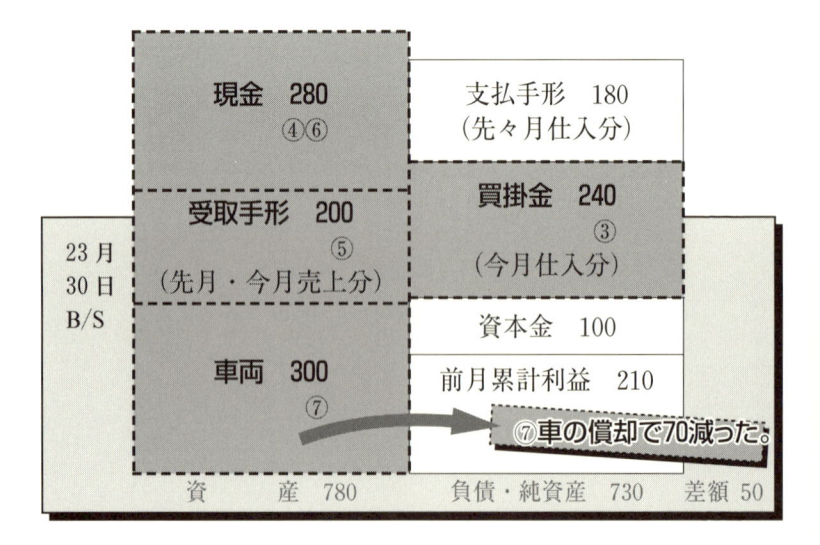

23月30日 B/S

現金 280 ④⑥	支払手形 180 (先々月仕入分)
受取手形 200 ⑤ (先月・今月売上分)	買掛金 240 ③ (今月仕入分)
	資本金 100
車両 300 ⑦	前月累計利益 210
資　産 780	負債・純資産 730　差額 50

⑦車の償却で70減った。

第12章　逆に手形を貰ってしまった！

さて，16月以来，3個の販売体制でしたが，**無理に売上を増やしたため，お客様の条件が厳しくなり，手形販売**となっていました。その結果，⑤で**受取手形が100増えて合計200になり**，⑦で車は70減り300となりました。

> **＜参考＞　無理な売上と根本対策**
> 「無理な売上」とは，**実需以上の押し込み販売**です。お客様にとってみれば，今はまだ欲しくない物ですから，それを強いて買って頂くためには，支払条件（こちらにとっては回収条件）が厳しくなって，今回のように手形取引になったり，よくある話として，**値引きを要求されて収益を悪化**させます。
>
> この根本対策はまさに経営問題で，がむしゃらに売ればいいものではありません。**社会に役立つ自社独自の商品やサービスを開発**しなければなりません。その極致が「**顧客創造**」でもあります。そのときに必要なのは，有益な商品を人々に知らしめる「**広告**」であって，押し込み販売ではありません。
> そのためには「**開発**」と「**広告**」の資金や時間が必要となってきます。**多くの起業は**，ワカ社長のように独自のモノを持たずに始めてしまいます。それなら，その資金の**地道な蓄積**が欠かせません。

一方，P/L は④⑤で4個になったので，**売上は最高の400**になりました。
仕入も③の240となりました。⑥⑦は先月と変わらないので，利益は最高の50を記録しました。

（なお，説明の都合上，次の項目の前に減価償却費を計上しています。）

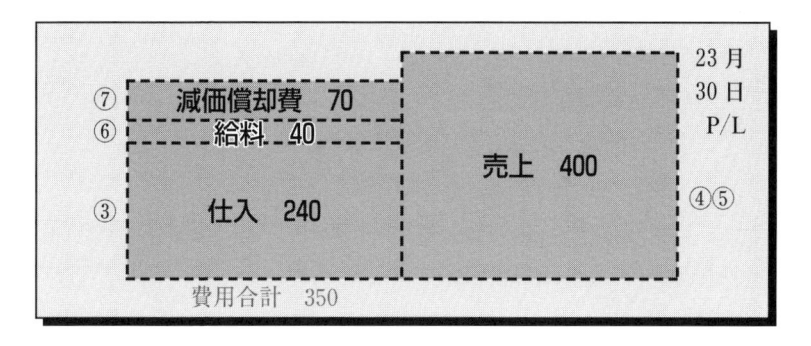

```
                                              23月
 ⑦  │ 減価償却費  70 │                       30日
 ⑥  │   給料  40    │                        P/L
                     │                    │
                     │     売上  400      │
 ③  │    仕入  240  │                    │ ④⑤
                     │                    │
       費用合計  350
```

23月 24月
Action 3/3 100万円の受取手形の満期がきて入金され月次決算した

23月の最初に，先月の手形販売で貰っていた受取手形が期日となり100万円入金されたので，現金の残高は380万円となりました。

NO.	日 付	摘 要	入金	出金	残高
⑦	23月30日	減価償却費を70万円計上した		0	280
⑧	23月30日	受取手形の期日が来て100万円入金	100		380

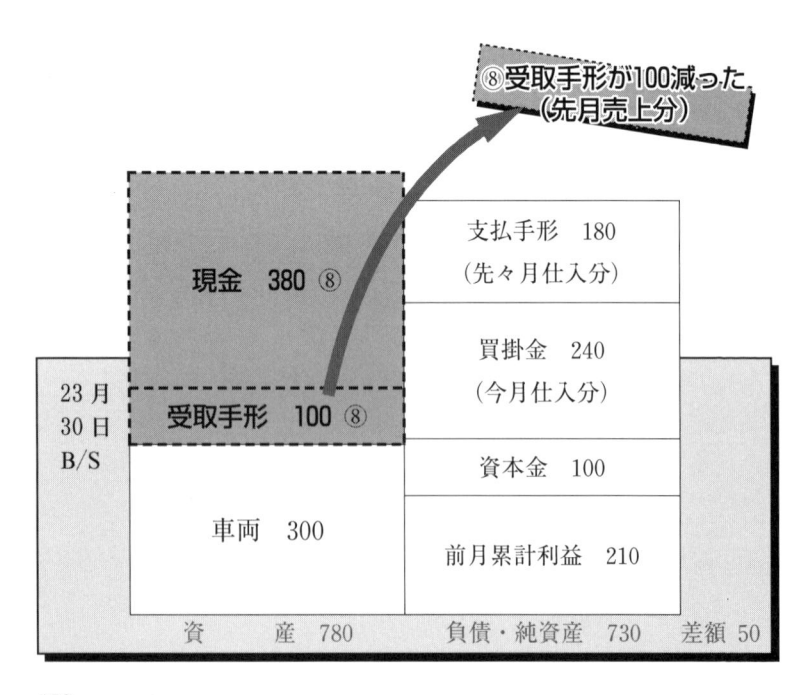

⑧受取手形が100減った（先月売上分）

23月30日 B/S

資産	負債・純資産
現金 380 ⑧	支払手形 180（先々月仕入分）
受取手形 100 ⑧	買掛金 240（今月仕入分）
	資本金 100
車両 300	前月累計利益 210
資　産 780	負債・純資産 730　差額 50

第 12 章　逆に手形を貰ってしまった！

　この結果，B/S は**受取手形が現金に変わりましたので 200 から 100 減って 100** になりました。

　一方，P/L は何も変わりません。なぜなら受取手形は，先月に受け取った時にすでに『収益』に計上されているからです。

※今回の仕訳　（借方）　現　金　100 ／（貸方）　受取手形　100

お金も 380 万円あって…
最高の利益 50 万円を出したのにワカ社長は悩んでいます？
なぜでしょう？

ワカ社長は，来月の資金繰りを考えて憂鬱なのです。
「このままでは危ない。」と，思っています。
それは次のページでわかります…

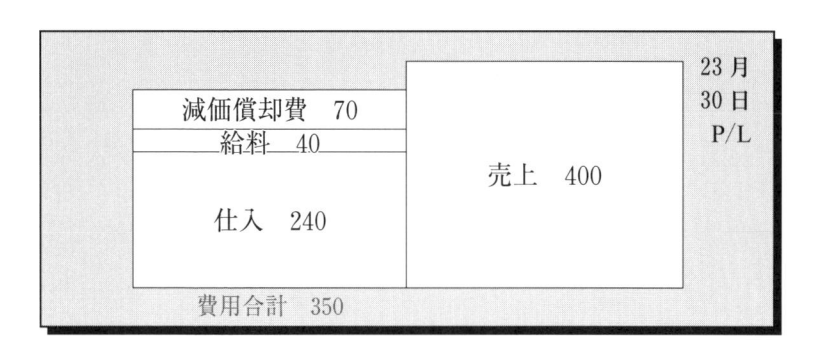

	23月30日 P/L
減価償却費　70	売上　400
給料　40	
仕入　240	
費用合計　350	

第13章 24月

手形を割引する

手形は期日まで持っていれば，満額を受け取ることができます。
しかし期日前であっても，**金融機関で換金**することもできます。
これを「手形を割り引く」といいます。
なぜなら，期日までの期間の利息分を割り引かれて換金されるからです。

さて，ワカ社長は，来月の資金繰りの予想を作ってみました。右ページがそれです。**4個販売にするために仕入先にも協力をお願いしました。**
しかしその条件として「今後，支払手形はやめてくれ」といわれていました。

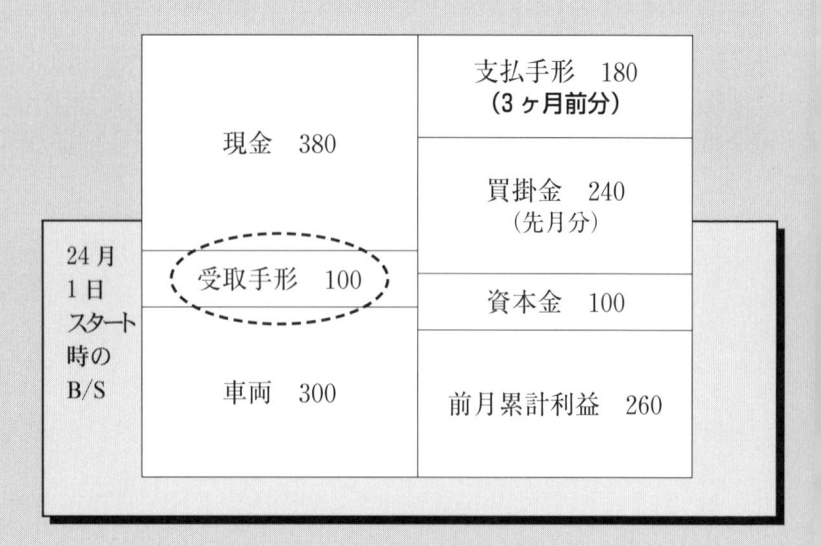

24月1日スタート時のB/S	現金　380	支払手形　180 **（3ヶ月前分）**
		買掛金　240 （先月分）
	受取手形　100	資本金　100
	車両　300	前月累計利益　260

第13章 手形を割引する

だから、先々月に振り出した支払手形を決済すると同時に、先月4個の仕入に増加させた買掛金の支払もしなければなりません。

日 付	摘 要	入金	出金	残高
23月30日	手形の期日が来て100万円入金された	100		380
24月4日	支払手形180万円を決済する		180	200
24月4日	買掛金240万円を支払う		240	▲40
24月5日	商品4個240万円を掛けで仕入れる		0	▲40
24月6日	商品3個300万円で現金で売る	300		300

しかし、それをすると表のように▲40万円になってしまう。

支払えないと5日の4個の仕入は受けられないし、仕入ができなければ、6日の売上もできない…

そこで、左のB/Sに残っている受取手形100万円を、期日前に割り引くことにしました。

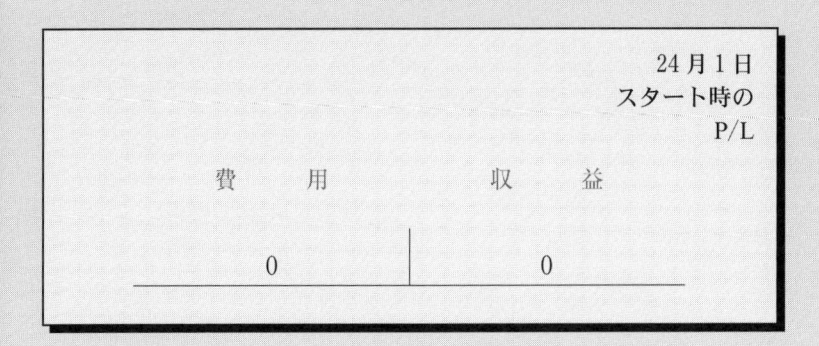

24月1日
スタート時の
P/L

費 用	収 益
0	0

24月 Action1/3 手形を割り引いて支払手形を決済し、買掛金を払った

2年目最後の月となる24月。①で支払手形180万円を決済した後、前のページのように資金繰り対策で、②で受取手形を割引き100万円を入金し、③で割引料を支払い、無事④の買掛金240万円の支払を済ませると現金の残高が50万円となりました。

NO.	日付	摘要	入金	出金	残高
	23月30日	手形の期日が来て100万円入金された	100		380
①	24月4日	支払手形180万円を決済した		180	200
②	24月4日	受取手形100万円を割り引いた	100		300
③	24月4日	上記の割引料10万円を支払った		10	290
④	24月4日	買掛金240万円を支払った		240	50

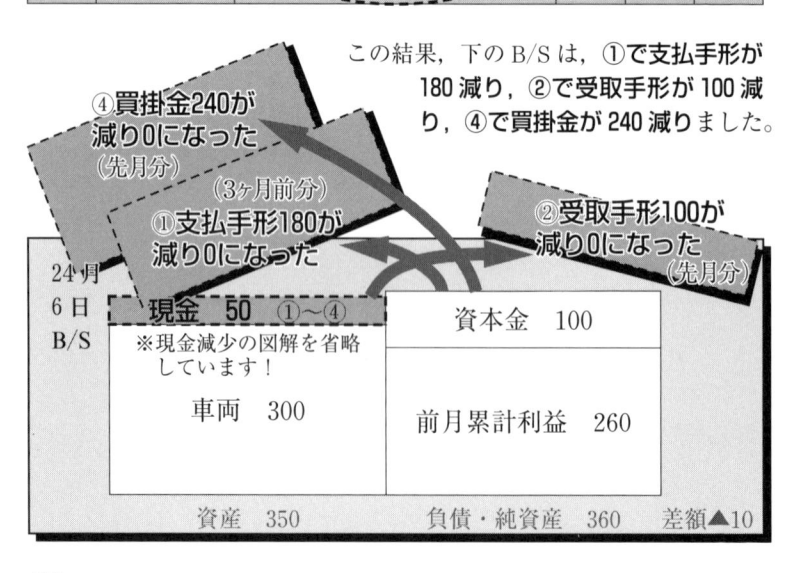

この結果、下のB/Sは、①で支払手形が180減り、②で受取手形が100減り、④で買掛金が240減りました。

④買掛金240が減り0になった（先月分）

（3ヶ月前分）
①支払手形180が減り0になった

②受取手形100が減り0になった（先月分）

24月
6日
B/S

現金 50 ①〜④
※現金減少の図解を省略しています！

車両 300

資本金 100

前月累計利益 260

資産 350　　負債・純資産 360　　差額▲10

第13章　手形を割引する

<参考>　「キャッシュ・フロー計算書」も，実は簡単

　キャッシュ・フローとは，その名のとおり，お金の流れ＝現金の出入りです。……ということは，「現金出納帳」は，まさにそれを表しているのです。

　24月の現金の出入りは，左と次のページの現金出納帳がすべてですから次のページの取引⑤〜⑨を先に下に載せてみました。

NO.	日　付	摘　　要	入金	出金	残高
⑤	24月5日	商品4個240万円を掛けで仕入れた		0	50
⑥	24月6日	商品3個300万円で現金で売った	300		350
⑦	24月6日	商品1個100万円で手形販売した	0		350
⑧	24月30日	給料40万円を支払った		40	310
⑨	24月30日	減価償却費を70万円計上した		0	310

　この内，⑤と⑦と⑨の取引は，キャッシュが動きませんので，左ページの①〜④と上記の⑥と⑧の取引を，**取引の性質によって3区分**にまとめます。

> Ⅰ．営業のためのキャッシュ・フロー……④▲240⑥300⑧▲40＝**20**
> Ⅱ．財務（資金調達と返済）のためのキャッシュ・フロー…①▲180②100
> 　　③▲10＝**▲90**（つまり返済や決済の支出の方が多かった）
> Ⅲ．投資（設備投資等）のためのキャッシュ・フロー………**0**

注：手形取引や決済を財務取引としましたが，営業取引とすることもあります。
（2ページ後に続く）。

一方，P/Lは**受取手形の割引料10が『費用』**となりました。

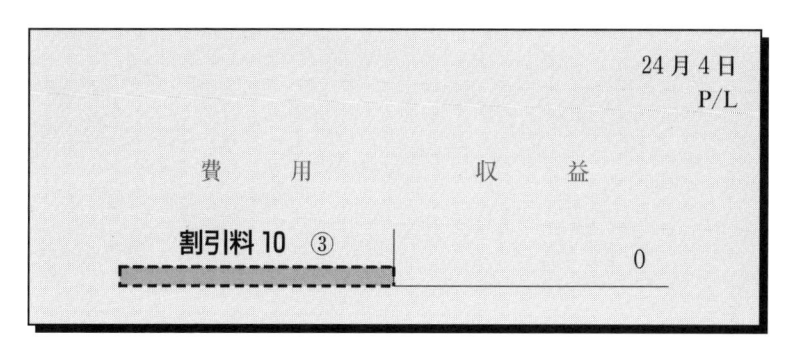

```
                                              24月4日
                                                 P/L

       費　　用              収　　益

     割引料 10  ③
    ┌──────────┐              0
    └──────────┘
```

24月 Action2/3 通常の取引をして決算を始めた

24月の続きに「いつもの取引」で、⑤4個240万円を掛け仕入し、⑥3個を現金300万円で、⑦手形100万円で売り、⑧給料40万円を支払、⑨減価償却を70万円すると、現金の残高は310万円となりました。

NO.	日付	摘要	入金	出金	残高
④	24月4日	買掛金240万円を支払手形で支払う		240	50
⑤	24月5日	商品4個240万円を掛けで仕入れた		0	50
⑥	24月6日	商品3個300万円で現金で売った	300		350
⑦	24月6日	商品1個100万円で手形販売した	0		350
⑧	24月30日	給料40万円を支払った		40	310
⑨	24月30日	減価償却費を70万円計上した		0	310

これらの結果、下のB/Sは⑤で買掛金が240増え、⑦で受取手形が100増え、⑨で車が70減価償却で減りました。

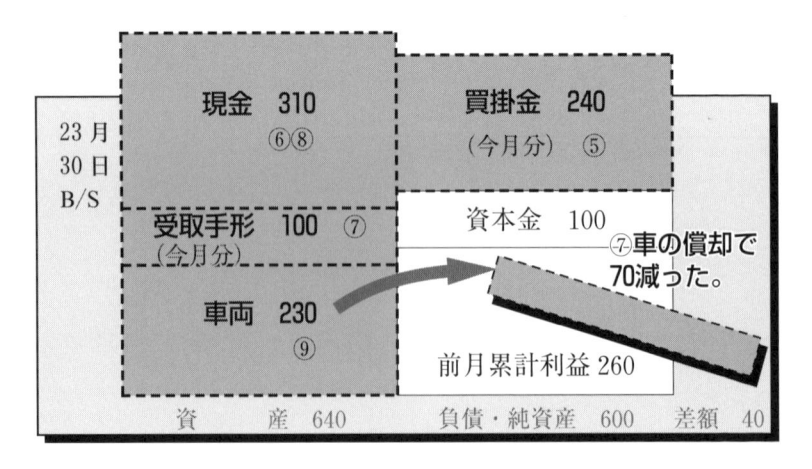

23月30日 B/S

現金 310 ⑥⑧	買掛金 240 (今月分) ⑤
受取手形 100 ⑦ (今月分)	資本金 100
車両 230 ⑨	前月累計利益 260
資産 640	負債・純資産 600　差額 40

⑦車の償却で70減った。

第13章 手形を割引する

> <参考> 「キャッシュ・フロー計算書」も実は簡単(2ページ前からの続き)
> **24月の現金の取引を取引の性質によって3区分にまとめると以下でした。**
>
> ---
> Ⅰ．営業のためのキャッシュ・フロー……④▲240⑥300⑧▲40＝20
> Ⅱ．財務（資金調達と返済）のためのキャッシュ・フロー…①▲180②100
>   ③▲10＝▲90（つまり返済や決済の支出の方が多かった）
> Ⅲ．投資（設備投資等）のためのキャッシュ・フロー………0
> ---
>
> これに，前月の現金残高380を加えて計算すれば，現金出納帳の今月末の残高と同じになって，「キャッシュ・フロー計算書」(C/F)のでき上がり！
>
> | キャッシュ・フロー計算書 | |
> |---|---:|
> | (24月1日〜31日) | |
> | Ⅰ．営業キャッシュ・フロー | 20 |
> | Ⅱ．財務キャッシュ・フロー | −90 |
> | フリーキャッシュフロー | −70 |
> | Ⅲ．投資キャッシュ・フロー | 0 |
> | 月初現金残高 | 380 |
> | 月末現金残高 | 310 |
>
> C/FとB/SとP/Lと合わせ「財務三表」といいます。P/Lを見ていると，利益が40出て，順調そうですが，C/Fを見ると営業であまりお金が稼げず，財務で苦労し，先月からお金を減らしていることが見えてきますネ。しかし何のことはありません。**現金出納帳を性質ごとにまとめ直しただけなのです。**ただし実務でこの方式（直接法）では作られず，P/Lの利益を＋−して作られる方式（間接法）で作られるため社長にはわかりづらいのです。

一方，P/Lは先月と同様の取引が加わり，利益は40となりました。
これで2年目が終わりました。年間の累計を次のページで見ましょう。

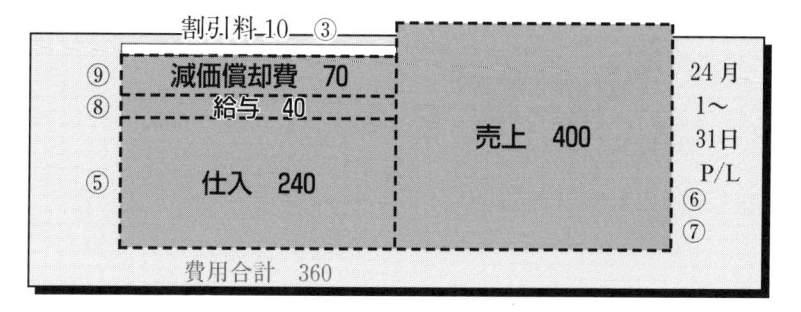

```
        割引料 10  ③
 ⑨ ┌─────────────┬──────────┐  24月
    │  減価償却費 70  │          │  1〜
 ⑧ ├─────────────┤          │  31日
    │   給与 40       │  売上 400│  P/L
 ⑤ │                 │          │  ⑥
    │   仕入 240      │          │  ⑦
    └─────────────┴──────────┘
         費用合計 360
```

第14章 24月 税金がやってきた！

2年目の最終の月が終わりました。
年間の累計を出してみましょう。

税金は年間の累計の利益に対して掛かってくるのです。

この1年間をまとめると右ページの表のようになりました。

ワカ社長としては，**資金繰りに奔走し神経をすり減らした1年だったのでとても利益が出ている気持ちがしないのですが**…

24月31日B/S	現金　310	買掛金　240（今月分）
	受取手形　100（今月分）	資本金　100
	車両　230	前月累計利益　260

第14章 税金がやってきた！

2年目の月次損益と累計利益

月	収益	費用	月次利益	累計利益
13	200	170	30	30
14	200	220	▲20	10
15	200	230	▲30	▲20
16	300	290	10	▲10
17	300	290	10	0
18	300	290	10	10
18	300	290	10	20
20	300	290	10	30
21	300	290	10	40
22	300	290	10	50
23	400	350	50	100
24	400	360	＊40	140

年間の累計利益は，上の表のように何と140万円です。「ウッソーッ！」と思わずワカ社長も驚きました。

これに対する**税金は半分弱程度で60万円**だと計算されますから…

（＊税金を引く前の利益で，2ページ前の金額です。）

		24月
割引料 10		1〜
減価償却費 70	売上 400	31日
給与 40		P/L
仕入 240		

24月 Action 1/1 税金を計算して，今年を締め切った

24月，そして2年目の最後に，税金60万円を計上します。しかし法人税は，決算から2ヶ月以内に支払いますから，まだ出金しません。

NO.	日付	摘要	入金	出金	残高
⑨	24月31日	減価償却費を70万円計上した		0	310
⑩	24月31日	法人税等60万円を計上した。		0	310

この瞬間，下のB/Sは，**未払法人税等**という『**負債**』が増えました。

現金が310万円あるから税金は支払えそうな気がしますが…来月早々には買掛金240万円を支払わねばなりません。すると，実質の現金は310万円から240万円を差し引いた70万円ということになります。その中で60万円の税金を現金で払わねばなりません。

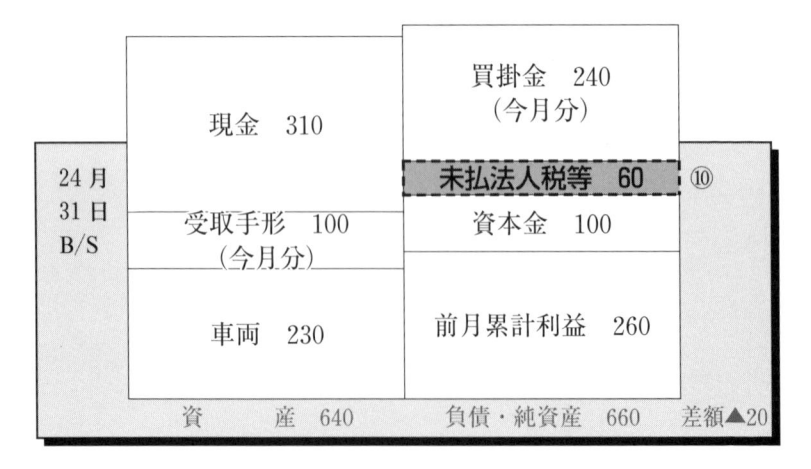

	資産	負債・純資産	
24月31日 B/S	現金 310	買掛金 240（今月分）	
		未払法人税等 60	⑩
	受取手形 100（今月分）	資本金 100	
	車両 230	前月累計利益 260	
	資産 640	負債・純資産 660	差額▲20

第14章　税金がやってきた！

確かに2ページ前に1年間の累計利益を出したら，140万円でした。
税金はこの1年間の累計の利益にかかってきます。

しかしその利益140万円はどこに行ってしまったのでしょう？

その結果，下の月次のP/Lでは，今月のP/Lに書くので24月の「今月が」赤字のように見えてしまいます。

まあ，それはいいとしても…
年間の利益は140万円の行方が気になります。
ワカ社長は思います。
「それにしても…どうしてこうなるの？」……と。

これまでのすべての取引をパラパラ比較してみても，何ら，**種も仕掛けもありません。しかし見事にワカ社長はかく乱されて**しまいました。

一体，どうなってしまったのでしょう？
エピソードの最後に，その**謎解き**です。
(謎解きが面倒な方は，飛ばして読んでも結構です。)

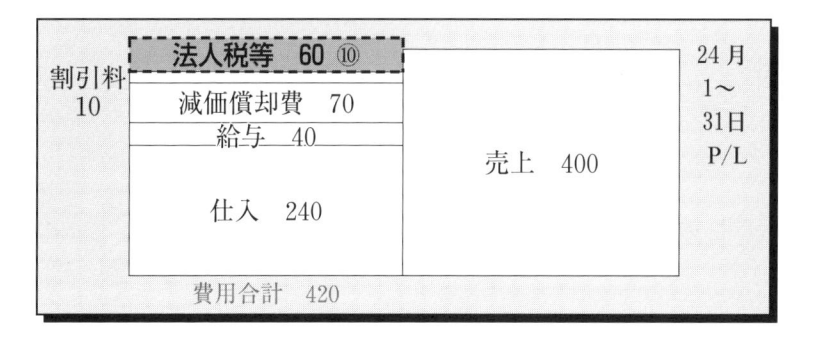

割引料 10	法人税等　60 ⑩	売上　400	24月 1〜 31日 P/L
	減価償却費　70		
	給与　40		
	仕入　240		
	費用合計　420		

❖ 解説 10．2年目の利益 140 は，どこにいった？ ❖

「本当に…利益の 140 はどこに行ったのでしょう？」大切なことなので，エピソードの最後に，**世の社長からよく出るこの疑問**に先に答えましょう。

P/L では 3 ページ前の集計によって月々の『収益』と『費用』の明細がわかります。しかし，**P/L だけでは利益しかわからないのです。そして B/S を，ただ見ているだけでもわからないのです。（パラパラ）比較して見ないとわからないのです。**

まず利益 140 は 2 年目の 1 年間の利益です。そこで B/S の比較も 1 年前の決算の時の B/S（88 ページ）と 162 ページとを必ず比較して見て下さい。

そうすると…見えてきます。それをまとめたのが右のページの図です。ただし，必ず，88 ページと 162 ページを比較して，右のページの数字を確認して下さい。**パラパラやって実際に比較することが大切**です。

そうすると，**現金は 50 減り，受取手形は 100，車やパソコンの固定資産は 210 増え**ました。つまり『資産』は差し引き 260 増えました。『資産』が増えるということは「利益が出た」という感じが理解しやすいと思います。

しかし増えたのは『資産』ばかりではありません。『負債』も増えました。**買掛金が 120 増えました。**『負債』が増えると，「損失が出た」という感じがわかると思います。こうして『資産』が 260 増えて，『負債』が 120 増えたので，差し引き財産は 140 増えたのです。これがすなわち利益です。

『資本』を直接比較しても，それが裏づけされます。しかし『資本』は『資産』と『負債』の"差額"という概念ですから，具体的ではありません。具体的には先程説明した図の内容が重要です。すなわち，利益が 140 増え，それはどこに行ったのかが見えるのです。つまり，**受取手形 100 と車とパソコンという固定資産 210 が増えたということを，現金に直してみたらわかりやすい**でしょう。

100 を受取手形で集金せず，**現金で集金したら▲50 になってしまっていた現金はプラス 50 になっていた**ことでしょう。そして**固定資産を買わなかったとすると現金は，その固定資産の分の 210 増えていたはず**ですから，これを加えると 260 になりますね。

しかし『負債』の**買掛金が 120 増えましたので，これを現金で支払ったなら 120 現金が減ります。**すると 260 - 120 = 140 となり利益と一致しますね。

つまり，パソコンや車も買わずに，現金仕入，現金販売でビジネスをしたとしたら，140 の利益はそのまま現金が増えた

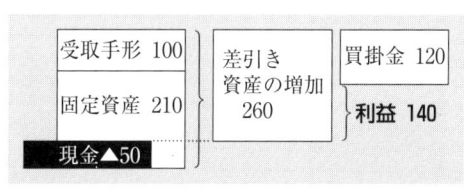

受取手形 100	差引き 資産の増加 260	買掛金 120
固定資産 210		利益 140
現金▲50		

のですが，利益と資金（現金）とのズレを生じる取引（固定資産の購入，掛売り，掛け仕入，在庫など）があると，その分，**現金がそれらに化けてしまい，手元の現金ではなくなってしまう**のです。しかし税金は現金で支払わなければならないのです。

これまでも，こうした説明を社長にして来ました。しかし，肝心の社長が B/S がわからないので，説明を聞いても「何か煙に巻かれた感じ」とまでは仰られないのですが「？？」「しかしなぁ～」と実感が持てず「一体 140 はどこに行ったのだろう？」と振り出しに戻ってしまうのです。しかし，利益と資金のズレの生じない経営は現実的には存在しません。だから社長にそれを学んで欲しいのです。なぜなら，**資金によって企業は倒産する**からです。

本書では，それを数字の発生時点に舞い戻って，「この受取手形はいつどういう取引で発生したのか…」等と，なぜそうなったかを，パラパラ比較で振り返りながら，社長に勉強してもらえるようにしました。

実際の数字は膨大で複雑で雑多なデータも多いため本質が見えにくくなっています。だから本書ではまず，利益と資金のズレに絞って，シンプルにしました。エピソードを繰り返し読み返してみて，簿記や会計を身に付け経営に活かしてください。

エピソードを終えて…

いかがでしたか？ 24ヶ月の経営経験は？
他人事なのに，なかなかハラハラ，ドキドキしましたね。

もちろん，24ヶ月の間に凝縮して体験して頂くために**誇張**された設定も少なからずあります。
また，ワカ社長の意思決定が良いか悪いのかは問題ではありません。

問題は，この状況で，こういう意思決定をすると，こうなってしまうという**「原因と結果」の関係を，論理的に学んで**頂きたかったのです。

「会計」は数字で表せるものに関しては，きわめて論理的に，この「原因と結果」の関係を示してくれるものです。

この論理的な関係を「アニメーション会計」の技法で，「パラパラ比較」して視覚的にお伝えしたのが，前編の「エピソード」です。

エピソードを終えて…

体験(実験)は
どうじゃったかの？
その体験の原因と結果の
論理的記述が科学じゃ

た, 大変
でした〜

では，ワカ社長のように翻弄（ほんろう）されないためには，
どうすれば良いのでしょう？
いよいよ経営のための簿記会計の勉強です。

第 2 編

どうしたら良い？

―会計を経営に活かす―

II どうしたら良い？

Iのエピソードで見てきたように
ワカ社長は，様々なものに，かく乱されながら経営をしていました。

しかしエピソードは，非常に単純化されたモデルでしかありません。
現実の経営は，**それらが幾重にも，重なりあい，関連しあっています。**

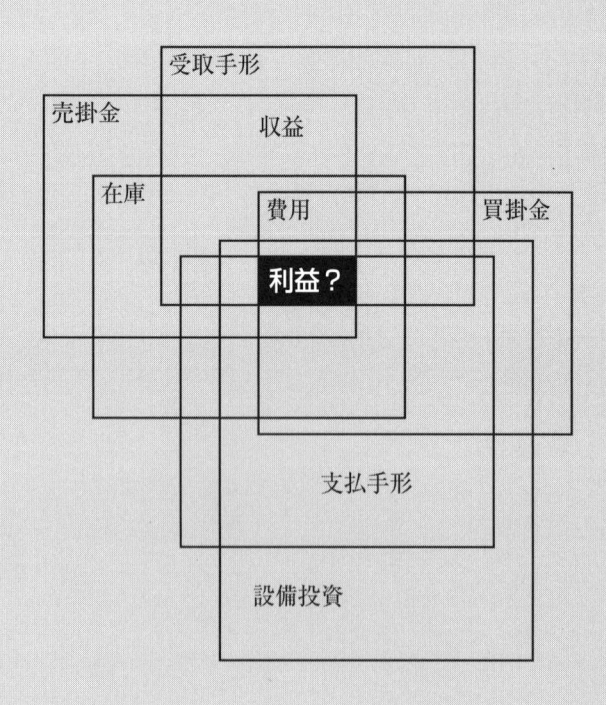

受取手形
売掛金
収益
在庫
費用
買掛金
利益？
支払手形
設備投資

> まるで経営の本じゃの〜
> しかし会計は経営のツールじゃ
> 経営者が使うのが当然！

> ごもっとも…

ここでは，**経営に会計を活かす**立場から…
「では，社長はいったい，どうすれば良いのか？」について

2つの提言と1つの結論を出したいと思います。

第1章 かく乱させられる、その原因は何か？

ワカ社長は、いったい、**どうすれば良かった**のか？
……その前に原因は何だったのでしょう？

エピソードで、ワカ社長は、いったい「何に」**かく乱**させられたのでしょう？

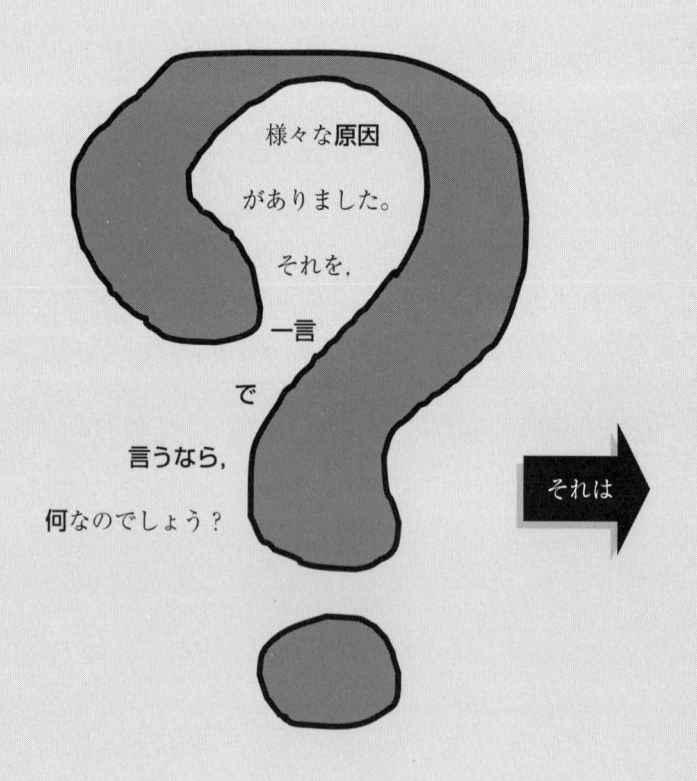

様々な**原因**がありました。それを、一言で言うなら、何なのでしょう？

それは

第1章 かく乱させられる，その原因は何か？

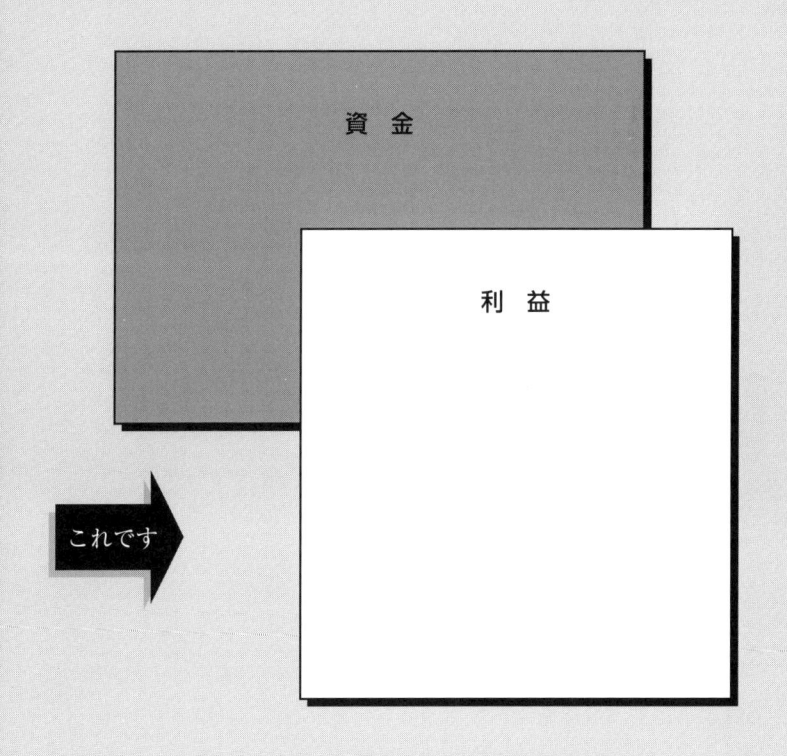

資　金

利　益

これです

かく乱される原因…犯人は「利益」と「資金」のズレ。
本章では，これを分析し，対策を示してまいります。

1.「ズレ」…その第一の原因

経営のための意思決定をする際に,それがかく乱される原因。

それは「**ズレ**」です。

その「ズレ」は,もちろん会計的なもの以外にも多く存在します。しかし本書では会計に絞ってお話ししてまいります。

その「ズレ」は大きく分けて2つあります。

第一原因の「ズレ」は**「利益と資金」**の**「ズレ」**です。

エピソードでは右のページのものが登場しました。復習を兼ねて,「後で」今一度みておいて下さい。「後で」と申し上げたのは,ここでは重要ではなく,ましてこれを暗記するようなものでもないからです。

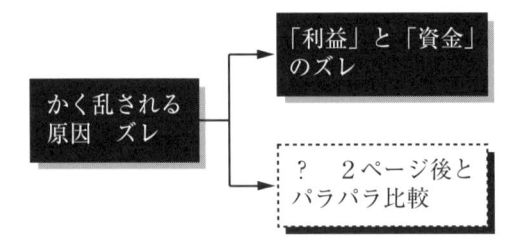

```
かく乱される     →  「利益」と「資金」
原因 ズレ            のズレ
                 →  ?　2ページ後と
                    パラパラ比較
```

大切なのは,これらのズレは売上が大きくなるほど,大きくなることです。

小さい規模の時は,不足する金額も小さいものです。しかし大きくなる程,不足する金額も大きくなって,ちょっと個人の預金を取り崩して補うといったことでは**追いつかなくなってしまう**のです。

エピソードで登場した「利益と資金のズレ」

1. 資本金は入金されても，収益にならない（第1章）。
2. 掛売りは収益になっても，その時点では資金とはならない（第2章）。
3. 逆に，売掛金を集金しても，収益にはならない（第2章）。
4. 在庫に残ると，その分，費用が減って利益が出る（第3章）。
5. 仕入れても，買掛金なら資金が減らない（第4章）。
6. 買掛金を支払っても費用にはならない（第4章）。
7. 設備投資は，資金は減るが，その時点では費用にならない（第5章）。
8. 減価償却は，資金の減らない費用である（第5章）。
9. 売上が2倍になったら利益も2倍とはならず大きく変動する（第6章）。
   それに応じて資金も過不足が増大する（第6章〜）。
10. 借入金が入金され資金になっても収益にはならない（第7・10章）。
11. 借入金の返済は資金が減るが費用にはならない（第8章）。
12. 借入金の返済といっても，その内の利息は費用になる（第8章）。
13. 支払手形の決済は，資金が減るが費用にはならない（第9・11章）。
14. 手形を貰っても資金にも利益にもならない（第12章）。
15. 手形の入金で資金となるが利益にならない（第12章）。
16. 手形を割り引くと資金となるが収益にならない（第13章）。
17. 割引の際の割引料は資金の減少となり費用にもなる（第13章）。
18. 法人税は費用となるが，支払うまでは資金は減らない（第14章）。

要は，こんなにたくさん，まだまだありますが，エピソードだけでもこんなにあることを，まずは知って下さい。

2.「ズレ」の第二原因は何か？

さて，二番目に，第一原因に劣らないほどの「ズレ」があります。

それは，**「会計に対する社長の誤解」という「ズレ」**です。

第一原因の「ズレ」である「利益と資金のズレ」は，それぞれをちゃんと理解された上ならば，その「ズレ」を認識することができます。

しかし多くの社長の頭の中では，エピソードの解説でもお話したように「仕入は全部費用になる」とか「借入の返済も費用」と思っていて，「利益」も「資金」も正しく理解されていません。**混同**されています。

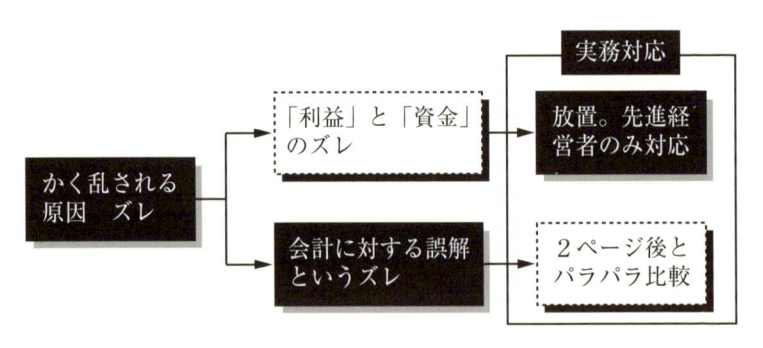

```
                                    ┌─実務対応──────┐
                  ┌─「利益」と「資金」─→ 放置。先進経
                  │  のズレ              営者のみ対応
かく乱される原因 ズレ ─┤
                  │  会計に対する誤解    2ページ後と
                  └─ というズレ    ──→ パラパラ比較
```

ちょうど，合唱で高音部と低音部のパーツで別れて歌うときに，自分の歌う音符をしっかり掴めていない低音部の人が，しばしば高音部に引きつられて，歌い終わると全員が高音部…というようなものです。

最も基本的な「売上」が，いつ計上されるかというところでも，「解説1」でお話ししたような間違いがある場合が少なくありません。

一般に社長の頭の中の利益の概念は，右図のように会計の正しい「利

益」とは相当にズレています。そして，どちらかというと，「資金」に近いように誤解されています。

そしてそれが異なっていることを知っている社長も，かく乱されるままになって，ある諦めの境地のように観察されます。

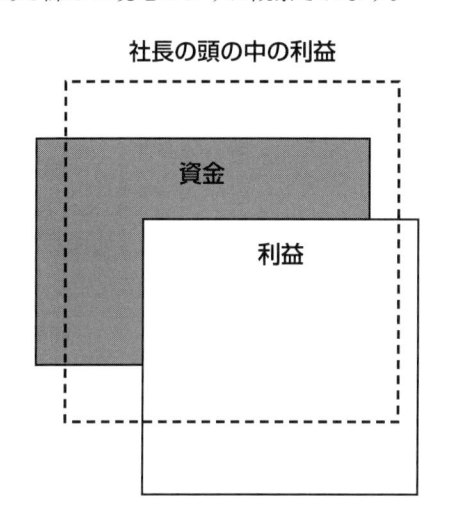

社長の頭の中の利益

（図：点線の枠「社長の頭の中の利益」の中に、網かけの「資金」と白い「利益」の四角が重なって配置されている）

「入金した時点で売上だ」と信じていれば，その社長にとって「収益と資金とはズレていない」という認識になってしまいます。

入金はなくとも，納品したら売上が上がって売掛金になっているのに，そういう認識がないのです。**認識がないからこそ「売上」として記帳されることすらありません**。そして同様なことは仕入や経費についても頻発します。

また，社長によっては，もっと根本的に「利益と資金とは違うのだ」ということすら認識のない方も少なからず見えます。

だからこそ「利益が出ているのにお金がない」という言葉が口から出てくるのです。

3. 実務(現実)では、どう対応しているか？

　第二の原因については，中小企業の実務では，結局それを解決できないため，**普段の記帳は現金主義，すなわちお金が入金されたら売上，お金を支払ったら費用としておいて，年1回の期末に調整をする**（「期末洗い換え方式」）が当然のことのように行われています。これは簿記を学習する際には出てこない問題ですから，実務に携わって驚く最初のこととなります。

　こうして**実務上の便宜をはかって処理をしてしまうために**，経営者も「それでよいんだ」となり「期末に上手く税理士が調整してくれている」として**勉強することなく年月だけが経過**してしまいます。

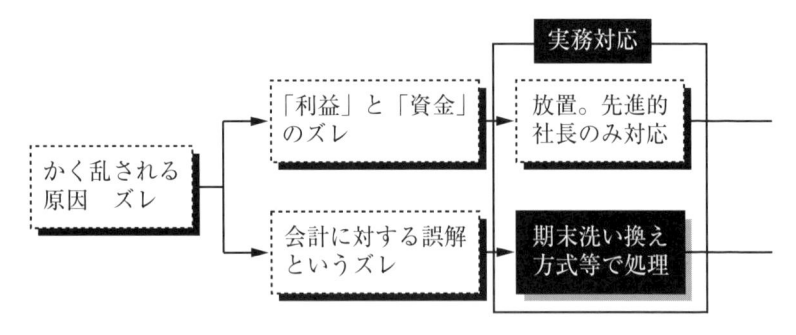

```
                                    ┌─実務対応─┐
                    ┌─「利益」と「資金」─→ 放置。先進的
                    │   のズレ           社長のみ対応
   かく乱される ──┤
   原因　ズレ      │
                    └─会計に対する誤解─→ 期末洗い換え
                        というズレ         方式等で処理
```

　多くの場合，この馬脚が現れるのが税務署の調査のときであったりします。「社長，この売上は期末に計上してありませんね」と税務署員が言うと，「それは，いまだ集金できない不良先なので売上にしてないんです」…と何の悪びれもなく言われるのです。

　一方，ズレの第一原因のズレについては，第二原因のない社長，すなわち，利益と資金にズレがあることを認識している一部の先進的な社長

第1章　かく乱させられる，その原因は何か？

が「これではいけない」と「キャッシュ・フロー経営」などを目指して頑張っていらっしゃいます。それを支援する会計人も多いのですが，この点に関してのコストはあまり掛けられていないのが現状です。なぜなら，それは**法律で義務付けられている会計ではない**からです。

法律で義務付けられた会計，すなわち**税務申告書を作るための最低限の会計**以外の会計もやろうとすると，手間もコストも掛かります。

したがって中小企業経営者の多くは，「利益が出ているのにお金がない」ことを不満と思いつつ，会計事務所のそれなりの説明を聞いて，一応の論理的な納得をしながらも，**本心では納得できないまま放置**されています。

それでも，日々の経営の中では，資金がショート（不足）すれば，その瞬間に倒産になってしまいますから，資金重視の経営をせざるをえません。

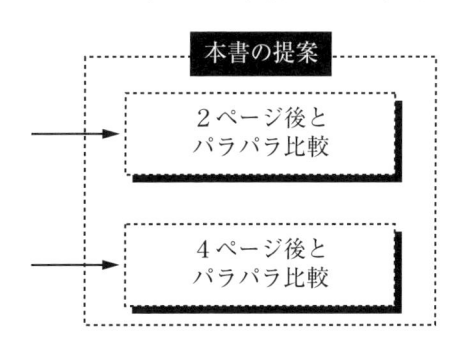

本書の提案

→　2ページ後と
　　パラパラ比較

→　4ページ後と
　　パラパラ比較

その結果，エピソードでみてきたような翻弄劇が繰り広げられるのです。

これらの経営者は，会計がわからないが故に**悪い意味の『キャッシュ・フロー経営』を知らぬ間に実践している**のです。

つまり現金預金の残高を見ながらだけで，**利益は大切だけれども，二の次になったり，逆に何の思案もなく意思決定するために，資金の裏付けのない利益を生んでしまって納税に苦しんだり**しているのです。

本書は，このような経営者のために，これから2つの提案をしていきます。そしてそこから1つの結論を導いていきたいと考えます。

4. ズレに対応する経営（その1）

(1) 目指したい経営

前記2つの原因から，少なくとも本書をお読み頂いた経営者の方に目指して頂きたい「経営」があります。

一言でいえば**『ズレをなくする経営』**です。それがこの「エピソード」の**結論の一部**でもあります。

では『ズレをなくする経営』とは具体的には，どんな経営をいうのでしょう？

これから申し上げることは，わかりやすくするために極端な例を取り上げていますから，その積りで，まずはご理解ください。

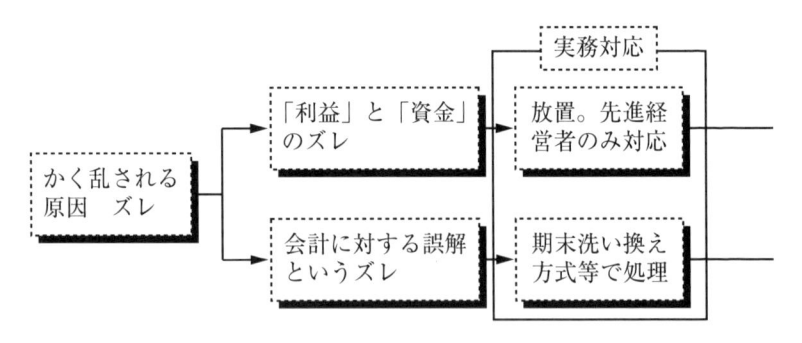

```
                                    ┌─実務対応─┐
                   ┌─「利益」と「資金」─→ 放置。先進経
                   │  のズレ              営者のみ対応
  かく乱される ─────┤
  原因　ズレ       │
                   └─会計に対する誤解─→ 期末洗い換え
                      というズレ         方式等で処理
```

さて，その筆頭に上げるのが，誤解を恐れずにいえば，**『現金商売』**です。売掛金なし，買掛金なしです。つまり現金で仕入れて，現金で売る商売です。エピソードの第1章の取引がそれです。

第1章の場合，資本金の出資を除けば，「資金＝利益」となります。つまり，仕入を現金ですれば，後の支払を考えなくてもよい。**よいものを作り，あるいは仕入れて売ることに専念できる**。売りも現金なら集金することを考えなくてもよいのです。

第1章　かく乱させられる，その原因は何か？

(2) 現実の経営で，ズレの少ないビジネスとは

現実のビジネスでは，"小規模"な小売業や外食産業がこれに一番近いといえるでしょう。もっとも，小売業や外食のほとんどが，仕入は買掛で翌月支払などが多いのです。エピソードでも，売上が増えるにしたがって第6章の「売上アップ」辺りから買掛取引が復活してきました。

しかし，エピソードと同様に現実のビジネスでもその支払の際，小売業の場合には日々の売上による現金入金（日銭）があるため資金繰りは比較的楽なビジネスといえます。素人経営でもまあまあ行えて，起業しやすいビジネスですし，失敗しても損失が軽いといえます。

(3) 今，営業しているビジネスで取り入れること

上記は，これから起業する経営者にとっては参考になるでしょうが，現在すでに営業している経営者はどうすべきでしょうか？

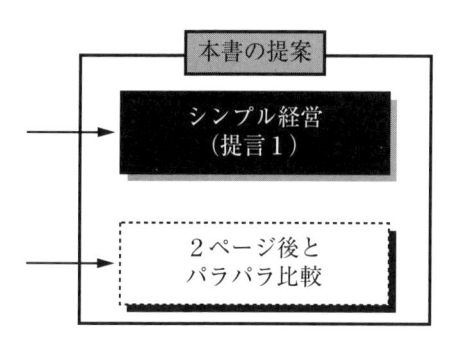

本書の提案

シンプル経営
（提言1）

2ページ後と
パラパラ比較

それは「**シンプル経営**」を**目指す**ことです。これは本書の第一の提言であり，きわめて重要な考えです。

後に示す，**第二の提言も最終的にはここに戻ってきます。**

「シンプル経営」は次章で詳しくお話しますが，『利益と資金のズレを少なくして，シンプルな経営をしなさい』というものです。

しかしながら，それが**なかなかできない**というのも事実です。その原因は**固定観念が多くを占めています**。したがって，「シンプル経営」とはこういうものだという明確なイメージを持ってもらいます。

目標が明確になると比較的達成しやすくなりますから，**これを目指して事業の再構築を**行うのです。

5. ズレに対応する経営（その2）

「シンプル経営」を**実践する程度に比例**して，経営管理は比較的楽になります。しかしズレの第一原因である「利益と資金のズレ」は**完全になくすることはできません。**

たとえば，税金は，エピソードの 24 月でみたように 1 年分が決算時に掛かってきますから，経営者が毎月支払の費用にしたいと思ってもできません。

また，エピソードの「解説5」でみたように減価償却費は，わざと利益と資金とをズラして正しい利益をつかもうとしています。

こうした**最低限のズレだけは，経営者が勉強するしか**ありません。

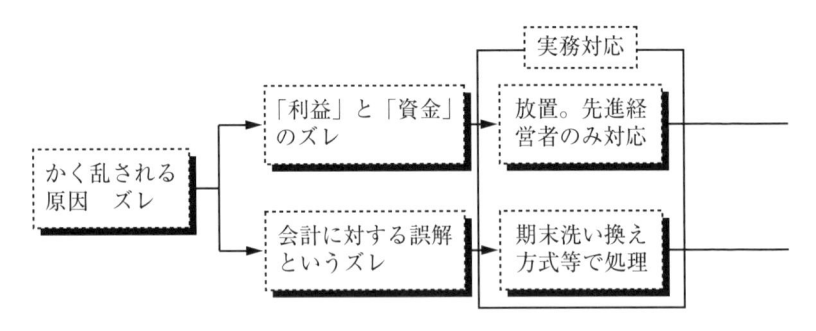

```
                                    ┌─ 実務対応 ─┐
                      ┌─「利益」と「資金」─┬─放置。先進経─
                      │   のズレ          │営者のみ対応
  かく乱される─────┤                  │
  原因　ズレ         │                  │
                      └─会計に対する誤解──┴─期末洗い換え─
                          というズレ       方式等で処理
```

さらに，**業態改革などの大改革を行わない限り**，現在のビジネスで，たとえば，いままで掛売りをしていたのに「現金取引にします」とは変更できません。この場合も，**ズレを受け入れるしかありませんので，その勉強が必要**です。

これらの「経営者の勉強」はすでにお話した 2 つ原因に沿った勉強となります。すなわち①ズレの第二原因である，利益と資金に対する誤解を解消すること。②次にその認識の上で，ズレの第一原因である「利益

第1章　かく乱させられる，その原因は何か？

と資金」はこういう場合には，こうズレるということを理解する。

この時，闇雲に覚えるのではなく，基本である簿記の習得が必要です。本書はそのために書かれた「経営者のための簿記入門書」です。**一般の簿記入門が，「記帳する」経理係を対象とし，検定試験を目標**に掲げています。

しかし経営者にとっては，これは回り道で時間を要し過ぎます。しかも簿記検定は実務とは異なる面が多いことや，**活用方法の検定ではない**からです。

経営者は記帳ができなくても，簿記の基本原理が理解できていて，活用できればOK なのです。本書は，経営者のそういうワガママに応える本です。これをあえて「**経営簿記**」ということにしましょう。本書は経営簿記の習得のために，アニメーション会計という手法で

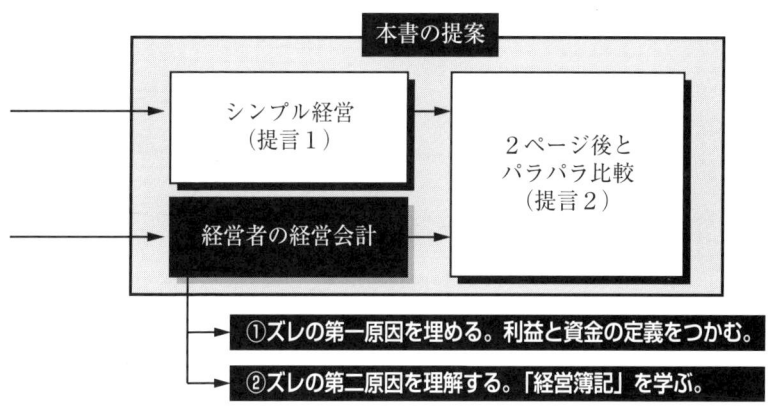

```
                    ┌──本書の提案──────────────┐
                    │                              │
         ┌──→│  シンプル経営    │→┐           │
         │       │   （提言1）     │  │ 2ページ後と │
         │       └─────────┘  │ パラパラ比較 │
         │       ┌─────────┐  │ （提言2）   │
         └──→│ 経営者の経営会計 │  │             │
                 └─────────┘  └─────────┘
                    │
                    ├─→ ①ズレの第一原因を埋める。利益と資金の定義をつかむ。
                    └─→ ②ズレの第二原因を理解する。「経営簿記」を学ぶ。
```

入門して頂きました。そしてこの後，最後に，もう1つの方法を提言することとなります。

もちろん，なるべく検定を受けることもお勧めします。しかしは挫折される方が多いのも事実のようです。だからこそ，本書を手にして頂いていると思います。

6. ズレに対応する経営（その3）

　前のページまでの勉強と実践ができれば，相当の領域に入ったといえます。しかしここまで勉強が進んだのなら是非挑戦して頂きたいと思います。その上で再びシンプル経営に立ち返ってくると，その凄みが増すことでしょう。

　さて「**経営とは変化対応業**」といわれます。ですから現状は近未来に必ずや変化を求められます。十年一日のように守りの経営をしていると，いつの間にか時代の変化に取り残されるのは，あらゆる業種を通じていえる経営の鉄則です。だから現状を理解するだけの勉強では経営の将来がありません。

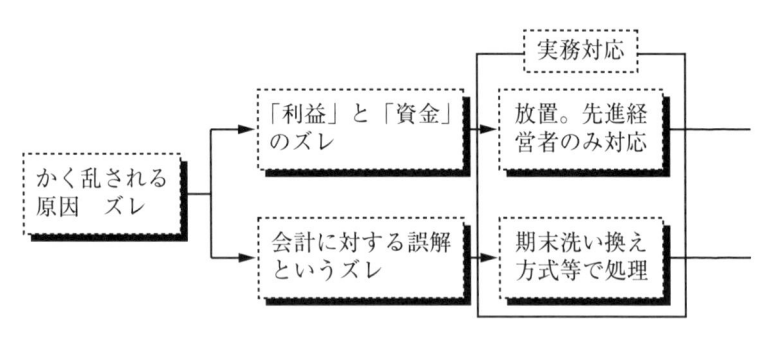

```
                              ┌─ 実務対応 ─┐
                ┌→ 「利益」と「資金」→ 放置。先進経
                │    のズレ              営者のみ対応
  かく乱される ─┤
  原因　ズレ   │
                └→ 会計に対する誤解 → 期末洗い換え
                     というズレ         方式等で処理
```

　そこに経営計画の必要性が存在します。そして，**それこそ経営者がすべき仕事ですし，経営者しかできません**。そのためには，変化対応のために，現状を変革していく構想が必ず必要となります。

　そして「変化に対応する」とは**バランス（安定）を取る**ことでもあります。バランスを欠くというのは，収入に応じた支払ができない財務体質です。それではエピソードで見てきた，あっぷあっぷの「よくある会社」の物語になって，「変化に対応できていない」ことになります。

第1章　かく乱させられる，その原因は何か？

しかしこのバランス（安定）を保つときに，**過度の安定は危険**です。たとえば，どんなときが一番安定しているのでしょう？　人でいうなら止まっているときです。もっというなら寝ているとき，いや死んで骨になってしまったときが，最も安定しているときとなります。しかしそれでは人間ではありません。

安定とは，止まっていることをいいません。与えられた寿命をまっとうするためには，立ち止まっていては筋力さえも衰え，かえって死期を早めてしまいます。**動かねばなりません。歩けば転ぶリスクもありますが動かねばなりません。**それが企業を含めて**生きているものの**宿命なのです。

企業も何らかの姿で筋肉を鍛え，成長・発展してゆかねば衰退の道しか残されていません。多少無理な負荷をかけることで心肺機能も筋肉も鍛えなければ衰えるばかりです。

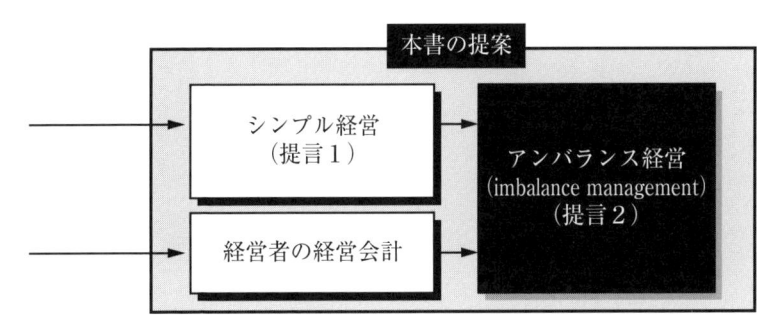

```
                              ┌─本書の提案─────────┐
                              │                              │
  ──→  シンプル経営           │                              │
         （提言1）       ──→ │   アンバランス経営           │
                              │   (imbalance management)     │
                              │      （提言2）               │
  ──→  経営者の経営会計      │                              │
                              └──────────────────┘
```

多少の負荷とは走ることです。走るには前傾姿勢が必要です。倒せば倒すほど早く走れます。しかし倒し過ぎると足が付いてきません。**脚力の限界を見極めてバランスの取れる前傾角度**にしなければなりません。

しかし前傾姿勢になること自体が，重心を移して，バランスを崩すことです。つまりバランスは**意識的にアンバランス**（正式にはインバランス）**にしていく**ことなのです。これはまた最終章でお話します。

第2章 ズレを「なくする」経営（提言1）

シンプル経営は

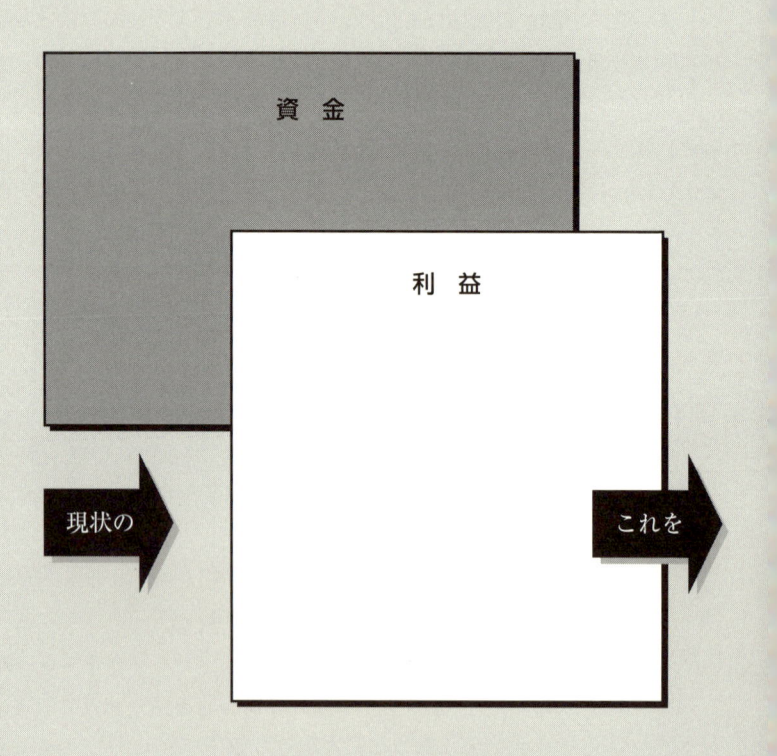

資　金

利　益

現状の → 　　　　　これを →

第2章　ズレを「なくする」経営（提言1）

ズレを完全になくすることはできません。

なるべく，**なくする努力**をするのです。

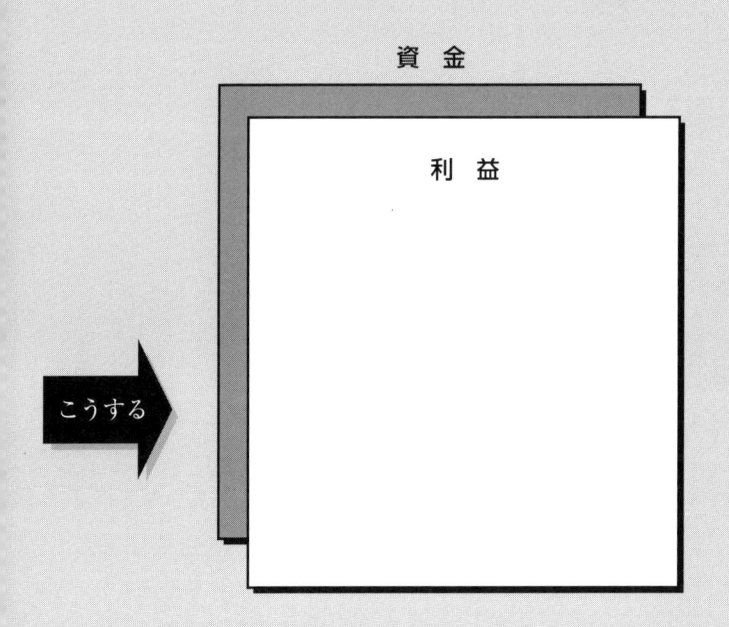

資　金

利　益

こうする

1. 時間差攻撃に弱い人間

(1) 瞬間的時間差攻撃

バレーボールで「時間差攻撃」というお馴染みのプレイがあります。時間差攻撃は，すべて相手にとって「見える」ことを利用し，ブロックに飛ばせて，それが降りた瞬間にスパイクを決めます。ここに経営上のヒントがあります。前の章で経営者を翻弄させるものは「ズレ」だとお話しました。その「ズレ」とはまさに**時間的なズレ**なのです。

売掛金は売上とその集金の時間差，買掛金は仕入とその支払の時間差，在庫は仕入が売上げられるまでの時間差，手形もすべて時間差です。

だからこそ，その時間差に見事に惑わされてブロックに飛んでしまうという姿は，**資金にかく乱される経営者の姿そのもの**です。

スパイカーがジャンプする相手の姿が「見える」からこそ，それに釣られて一緒にジャンプしてしまうのです。その相手とは，ブロックが**一番注目している対象**です。

その対象とは，「売上の瞬間」で，まさに物が動くときです。サービスでは，成し遂げるときで，共に「目に見える瞬間」です。仮に目に見えないものであっても「売上」という，強力な目標で売り手が集中する瞬間です。だからこそ，それに目を奪われ，後の回収が注意散漫になるのです。「仕入」も物が入ってくる瞬間に一番注目してしまいます。経営の経験のない方は，カードショッピングを思い浮かべればよいでしょ

第2章　ズレを「なくする」経営（提言1）

う。買ったときの喜びに対し，2ヶ月後の支払の苦しみは，買ったときのことを忘れて「なぜ，払わないといけないの？」等と理不尽なことすら思うことがあります。どうも人間は忘却の動物のようです。理屈（論理）ではわかっていても感情が納得できない時があるのです。

(2) 遅行的時間差攻撃やランダム時間差攻撃

久しぶりに友達の夫婦と会うと，「いや～奥さん太られましたね～」と言われ，それに対して認識がない場合に驚くことがあります。

いきなり，熱湯に入れられると対抗する。
しかし，自ら徐々に暖められると…

アチチッ！　気持ちぃ～　暖かいね～ェ　アララ…
水

人間は**ゆっくり変化していく身近なもの**に関して，それを認識しにくいのです。企業では在庫や売掛金の増加など，手元にありながら毎日眺め続けているとその変化に鈍感になりがちです。気が付いたときには不良在庫と不良債権の山となります（ゆで蛙現象）。他にも株価のように**ランダムに変化**するものに対して**変化の傾向を見誤る**ことがあります。

企業は常に多数の時間差攻撃を仕掛けられているといっても過言ではありません。それを読んでジャンプしなければ，スパイクされます。

ブロックもレシーブもすべて「**読み**」が欠かせません。しかしそれは高等な技術が必要で，修練が必要です。しかし修練なしにできる方法は，ズレそのものを極力少なくする方法で，これが「シンプル経営」です。

2.「どんぶり勘定」もまた1つの方法

どうも世の中は「どんぶり勘定」には悪いイメージがあります。しかしこれはとても便利で「シンプル経営」の入り口です。「どんぶり勘定」の「どんぶり」は「丼」ではありません。これは真面目な話です。

「どんぶり」とは八百屋さんや魚屋さんの前掛けといえば一番イメージしやすいでしょう。お客さんからお金を頂けば入れ、お釣りもそこから出し、途中で新聞屋さんが集金に来れば、これもどんぶりから払う。**大変便利**です。

小規模な事務所を経営している私も実は実践しています。それはシンプル経営の実践でもあります。会計事務所は売掛金こそ1ヶ月分ありますが、事務所によっては「その月」の顧問料を「その月」の口座引き落しにしていれば売掛金もないといえます。

さらに、サービス業ですから仕入がありません。だから在庫もない。機械や設備も多額には必要ありません。

ですから会計事務所は**通帳さえ見ていれば経営**ができます。したがって、私などは資金繰り表は作ったことがありません。口座振替で入金される金額が給与と家賃などの費用や借入返済があればその合計を上回ってさえいれば、利益は黒字で資金も回るのです。つまり100万円入金がコンスタントにあって、支払もコンスタントに60万円だとしたら**資金繰り表を作らなくても自然に回っていく**のです。

第2章　ズレを「なくする」経営（提言1）

　お客様には必要あって月次決算を勧めますが，会計事務所自身は年に一度の決算のどんぶり勘定で経営ができてしまうのです。そのために，逆に言えば会計事務所はお客様の資金繰りの苦労に実感が持てなくなっていることすらあります。

　もちろん，**どんぶり勘定は限界**があります。適時適切な管理はした方が良いに決まっています。大型の事務所になると部門ごとの管理や大型案件（仕掛品）の管理は欠かせません。これは一般の企業でも同様です。

　また，小さな事務所でも，変化がない様でも少しずつの変化で「ゆで蛙現象」を起こして，気がつくのを遅らせることがあります。しかしこれに関してはほんの少しの管理を加えれば十分に察知可能です。年に1度でもよいでしょう。私は月に1度，特定の数字を前年比較することで最低限の傾向分析をしています。

　他にもどんぶり勘定で経営のできるビジネスは少なからずあります。たとえば，小規模な外食やサービス業（マッサージ等）経営管理や会計の苦手な経営者でもやりやすいビジネスです。共通するのは経営構造の中に，**売掛金や在庫や買掛金がないか非常に少ない**ことがあります。

　次に，どんぶり勘定を一般企業に当てはめるための「シンプル経営」についてみていきましょう。

3. シンプル経営

「シンプル経営」は，**利益と資金のズレを少なくする**経営です。この場合，シンプルとは何でしょうか？　これが重要です。

シンプルとは，ビジネスの基本に沿い「よいものを仕入れ・あるいは作って，売ること」です。それ以外のことは極力省くことです。だからシンプル経営は，**ビジネスの基本に集中できる環境を整備する経営**をいいます。

したがって，**そぎ落とすべき無駄に，資金繰り**があります。なぜなら**資金繰りは利益を生みません。**むしろ苦労と苦渋を生みます。そして何より社長の精神を病めさせ，必要な"シンプル"のための**創造的仕事が疎か**になります。

ここでは「資金繰り」と「資金調達」は区別しています。すなわち，「資金繰り」は日々，月々の資金不足に窮々として右往左往している状況において作成されるものをいいます。

それに対して「資金調達」は，必要な日常資金は日常の経営のサイクルの中で問題なく供給され，投資や研究開発活動に必要な資金については，事前に安定的に供給を受けられるように手配することをいいます。それは具体的には長期借入金であったり，増資や利益と減価償却費による自己金融（自社で資金を作る）などをいいます

第2章 ズレを「なくする」経営（提言1）

　資金繰りは、近くに迫った支払日や決済に当たってその不足額を明確にし、他から工面してくる必要が短期的にあるから行われます。

　もし**現金取引ばかりならそんな心配は不要**です。最低限必要な仕入や給与などの維持費を支払えて、その他は現金購入を原則にしておけば、**「お金がないなら買わない」という意思決定を自然に導き出せます。**

　現預金残高は経営者の意思決定に影響し、その行動を変えることになります。財布の中にお金が少ないことを確認すれば会社の帰りに「ちょっと一杯」と思っても仕方なく諦めます。それがなまじ付けが利く店があったり、カードが使えるとついつい甘くなってしまうのと同じです。

　現金の範囲内でしか買わない方針にしておけば、仮に間違った意思決定で不要なものを買っても、すでに支払は済んでいますから、後で窮々とすることはありません。**買った時点で資金の心配は終わっている**のです。後は、いかに活用するかの創造的な工夫か、処分が残るだけです。

　シンプル経営は、**意識的に利益と資金のズレを少なくなる経営方針を採り**、徐々にそれに近づけていくことです。しかし今の慣行を変えることは多くの場合簡単にはできません。したがって、いつまでにやるかの期限と金額の明確な目標を立て、細分化して達成することです。将来楽をしたければ、地道で愚直なまでの実践しかありえないのです。

　さて「ズレが少なくなる方針」は、「買掛金のサイトを短くする」や「支払手形を止める」などで、**資金繰りの本などに書かれれいる常識と逆なことが多い**ことに注意してください。

第3章 ズレを「活かす」経営（提言2）

アンバランス経営は

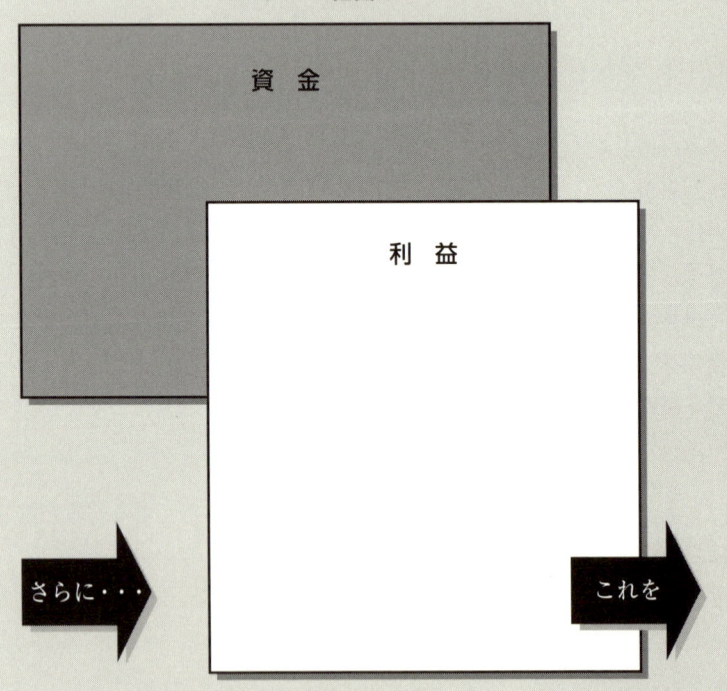

資　金

利　益

さらに・・・

これを

第3章 ズレを「活かす」経営（提言2）

ズレを**「活かす」**には，**それをコントロール（管理）**できなければなりません。

ズレを，認識し，調整し，それを自社の「強み」に発展進化させるのです。これが，「レバレッジ」です。

これは強力な武器となります。あくまでコントロールできれば…

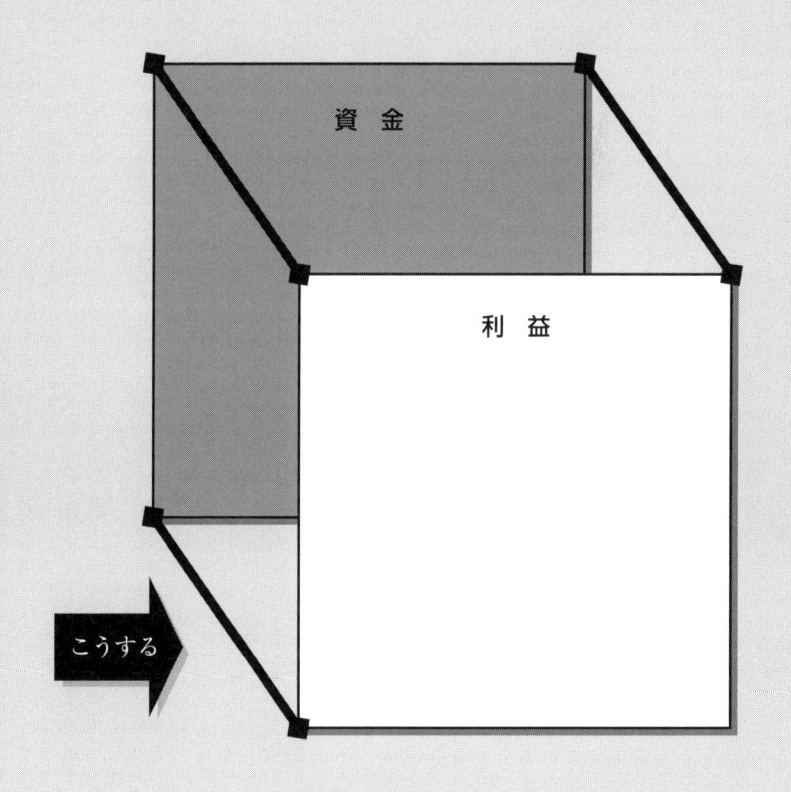

資　金

利　益

こうする

その上で**「シンプル経営」**に立ち返るのです。

1. 短期バランスを崩し鍛える＋社長自らの財務理解

(1) 中長期的バランス経営

アンバランス経営（185ページ）は，将来のバランスを目指します。それは短期的には**意識してアンバランス**にしていくことです。

重心を前へ

バランスをわざと…崩す

走るためには重心を**わざと崩して前傾姿勢になる必要**があり，ジャンプするためには，一旦しゃがむ必要があるのです。

将来のために，ある程度の失敗のリスクを見込んで研究開発や採用・教育につぎ込まねばなりません。その時点での最適バランスだけを考えると，将来の発展が阻害され，結果的に長期のバランスを欠くのです。

(2) ズレを管理できるとき，強みに転化する

ビジネスの基本は，独自の商品を持つ差別化にあります。その差とは本書の「ズレ」です。そこに研究開発を投じて独自のシステムを成功させた優れた先例は数多くあります。たとえば他社より早い納品，現金による支払，返品なし，在庫負担，債権回収代行などです。こうして**ズレを管理し自由に操ることによる差別化は，利益の源泉**となります。

そのための研究開発や人材教育にはタイムラグや失敗リスクが生じます。しかしリスクを恐れていては発展の機会を失います。**リスクは恐れ**

るものではなく管理するものです。中長期的視野の中で利益を毎期に投資し，管理して成功に導いた時，それは企業の強みとなります。

バレーボールの時間差攻撃もそうでした。それまでの常識を覆す独自の研究開発が実り，他国が持ちえない技術である時間差攻撃によって，男子バレーボールはミュンヘン五輪で金メダルを獲得したのでした。

(3) 日常のバランスは経営者自身でしかできない

短期的なアンバランスは，短期的であるほど決算書や月次試算表でもつかみにくいものです。**会計は経営の神経で，バランスを保つための三半規管**ともいわれます。しかし**意思決定は経営者の頭の中で瞬間**に行われます。その結果に誤りがあったとしても会計の数字に表れてくるのは実際の金額になったときです。エピソードでも高級車の購入は，それに先立つ第7章の冒頭86ページですでに顕在化しているのです。

ここに企業を運転する社長というドライバー自身が，デコボコ道でその場その場である程度のバランス感覚をもって運転しないことには対処が遅れることがわかります。経理の専門家が24時間社長と同行して，社長が頭の中で試行錯誤することを支援することは不可能なのです。

相談可能な有能な部下は皆無に等しく，いたとしても多くは経営に弱いため，この育成に長期間を要するのが常です。会計を学ばねばと思う社長は無意識の内にも，本当は自分でちゃんと理解して運転（経営）したいと思っています。そうすれば今迄，専門家任せで言われるままや，**後追いの「怪計」がきっと「快計」に変化**するだろうと…。

2. ズレは内輪差・それを理解する社長の育成

　社長自ら財務の基本を理解した方が良いに決まっています。詳細な処理は担当者に任せるにしても，説明を聞いて内容の理解ができる程度には学んで欲しいものです。自らが運転（経営）する企業は，最終的には決算書に表れるのですから，**責任者として当然の義務**です。失敗すれば債権者や従業員とその家族，お客様に多大な迷惑を掛けます。

　また，世の中には，誤魔化したくて誤魔化しているのではないことが多く見られます。たとえば決算日を過ぎてようやく決算書ができ上がり，思わぬ利益が出ていてもお金がなくて納税できない時には，背に腹は代えられないと本来**真面目で善良な社長が生き残るために脱税**に手を染めたりするのです。

　事前に社長が理解していれば，準備し，意思決定も違ったはずです。

大型ほど大きい内輪差
歩行者巻き込み注意

　多くの原因はズレです。経営の規模が大きくなる程，ズレも大型化します。これはトレーラーに例えられます。トレーラーの運転手は左折する場合，いきなり左にハンドルを切りません。まず反対の右に少し切り，車体の相当部分が交差点に入ったのを見極めて，やおら左に切ります。

　それは，**内輪差**があるからです。この内輪差は構造が大きくなる程に顕著になります。しかしその**ズレを有効に使うならば，つまり自由に管理できれば，トレーラーは他の車にない効用を発揮**します。

第3章 ズレを「活かす」経営（提言2）

　こんなに便利で危険な乗り物である「企業」は，車と同様に「社長検定」を課してその内輪差を理解させ**免許制**にしなければと思う程です。

　生活者も家計の運転（運営）のために学んで欲しいのです。収入を超えた無理な借入に対し消費者金融会社のテレビCMでも「収支のバランス」を気をつけようと訴えている程です。今，借りるメリットに目を奪われ，中長期のバランスを害している生活者のいかに多いことでしょう。

　話を戻して，何とか社長が理解しやすい経営のための簿記入門ができないかと思案しました。まず入り口でつまずかない様に，体験を通じてイメージしやすい図解としパラパラ比較の工夫をしたのが本書です。

　もう直ぐ本書も終えます。そこで今後のことをお話します。

　本書では借方・貸方は外しましたが，**世の中では，付き合わねばなりません。「仕訳（しわけ）」なるものも付き合う必要があるでしょう。**

　その時のためにエピソードのあちこちに下図のような表現を残しました。「買掛金60が減って，現金も60減る」という部分です。これで仕訳した場合の，［借方］買掛金60／［貸方］現金60が学べるようにしてあります。これで簿記の基本の，「減少した時は反対側に書かれる」ことへの理解の一助になります。また時折参考となる仕訳を入れました。

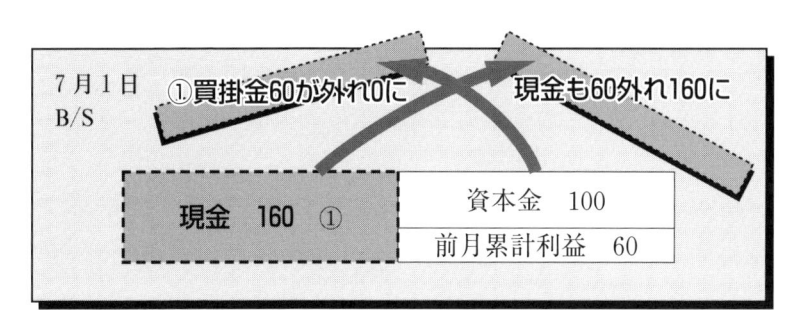

7月1日
B/S

①買掛金60が外れ0に　　　現金も60外れ160に

現金　160　①	資本金　　100
	前月累計利益　60

3．エピソード・貴方の意思決定ならどう変わるか？

　エピソードで貴方が**違う意思決定をしたら**どうでしょう？　実は経営簿記を学ぶ上ではこれは欠かせません。「なるほど，こういう意思決定をすればこうなるのか。しかし別の意思決定ならどうだろう？」と必ず思うはずです。**それでこそ勉強です。**何度も試行錯誤してそのつど，何期分もの再計算を一瞬に行うのにはパソコンが最適です。しかしこれに対応するソフトは有りそうでないのです。似て非なるものが２種類あります。１つは**財務ソフト**で，もう１つが**経営計画ソフト**です。しかし社長の経営簿記の学習には「**帯に短したすきに長し**」です。

　特に財務ソフトは単年度の決算用ですから，**年度をまたぐ取引は見れません**。また，図表メニューがなくはないのですが，エピソードのような「今の意思決定結果をつぶさに見る」ものではありません。
　一方，経営計画ソフトは一般に高額で，取扱いは**簿記がわからない経営者の単独利用は困難**です。社長が「ふむふむ，こう意思決定すると一般的にはこうなるのか…」と一人で勉強するには不向きです。

　経営簿記を学ぼうとする社長にとって，あまりに細かいことは不必要で，邪魔にさえなります。それより，ある意思決定が決算書にどう現れるか？　**その変化をアニメーションのように見える**のが好ましいのです。
　本書のパラパラ比較のように，元の表のデータを変えると瞬時にグラフも変化する…この程度が軽くて最適です。
　このような，**社長にとっての最低限の学習ソフト**を開発中で概要は次のとおりです。まず意識的に精緻な計算はカットしてあります。また価額も未定ですが数万円前後に抑えたいからです。

第3章　ズレを「活かす」経営（提言2）

<イメージ　数値の変化により面積・全体の高さまで変化する>

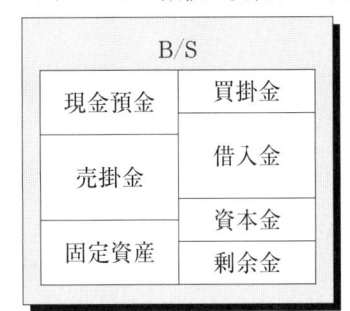

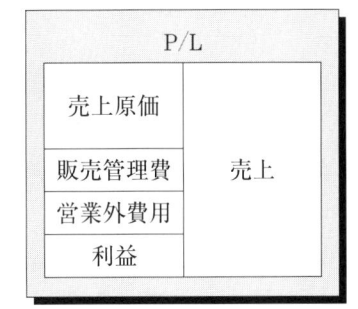

B/S	
現金預金	買掛金
売掛金	借入金
	資本金
固定資産	剰余金

P/L	
売上原価	
販売管理費	売上
営業外費用	
利益	

現実に似せることではなく一般化した学習モデルの中で，ある意思決定をした時の決算書の動きを，**変化に応じて決算書の面積が変化する**イメージで，様々なズレ・内輪差を擬似体験してもらうものです。これが完成すれば社長の大いなる福音になると思います。なお，実際のソフトでは**比較貸借対照表も**表示する計画です。

ゲーテが「簿記は人間が完成させた最も完全なるものの１つだ」と絶賛したことは有名です。同様の台詞が『若きウエルテルの悩み』の中にもあるという…。それでも世の社長達には，難しい。

しかも仮に簿記を学んだとしても183ページでお話したように，「記帳のための簿記」に留まってしまい「活用」して欲しい**社長の経営のための道具になっていない**という，『若き社長の悩み』でありました。余談ですが，これが「ワカ社長」のネーミングの基となりました。

ワカ社長と読者の社長に望むのは，**これからも続く**，経営簿記の学習が進むまでは，「シンプル経営」を心掛けて実践することです。そして学習が進んで，ズレを管理できるようになれば，それを強みに差別化した貴社独自の「アンバランス経営」を構築してください。その上で，その強みを「シンプル経営」に還元することです。

索 引

あ行

粗利益 ………………… 25, 32, 55
アンバランス …………………… 185
アンバランス経営 …… 185, 194, 196, 201
意思決定 ……… ii, 2, 5, 24, 37, 58, 166, 174, 193, 197, 198, 200
受取手形 ………… 126, 143, 145, 152, 164, 188
売上 ………………… 9, 24, 40, 176, 188
売上原価 ………… 49, 51, 53, 55, 58
売掛金 ………… 8, 28, 32, 35, 36, 175, 180, 188, 191

か行

買掛金 ……… 8, 60, 62, 67, 69, 79, 165, 175, 180, 188, 191, 193
開業 ……………………………… 63
貸方 ……………………………… 10
借入 ……………………… 86, 176
借入金 ………… 8, 14, 93, 95, 99, 103, 110, 114, 175
借方 ……………………………… 10
勘定科目 ……………………… 7, 8
期間損益の適正化 ………… 42, 76
記帳 ……………………………… ii, 183
キャッシュ・フロー ……………… 5
キャッシュ・フロー計算書 ……… 38, 157, 159
給料 ……………………… 26, 147
経営計画 ………………… 184, 200
経営分析 ………………… iii, 95, 97
経営簿記 ……… 3, 167, 183, 199, 200
決算修正 ……………………… 49, 53
原因と結果 …………………… ii, 166
減価償却 ……………… 76, 89, 175
減価償却費 ……… 9, 73, 74, 101, 110, 182, 192
現金主義 ………………… 40, 178
現金出納帳 …… 5, 16, 22, 38, 157, 159
現金取引 ……………………… 193
顧客創造 ……………………… 151
小遣帳 …………………… 6, 16, 20
固定資産 ……………………… 165

さ行

在庫 ········· 44, 52, 54, 55, 56, 61, 165, 175, 188, 191
サラ金（街金） ·············· 128
仕入 ········· 9, 22, 51, 56, 58, 176, 188
時間差攻撃 ··············· 188, 197
資金 ····· 27, 32, 35, 37, 60, 65, 67, 69, 71, 77, 78, 105, 109, 151, 173, 174, 176, 178, 180, 186, 188, 193, 194
資金繰り ····· 3, 14, 43, 101, 115, 125, 127, 133, 135, 137, 138, 145, 147, 149, 153, 154, 156, 160, 181, 190, 192, 193
資金調達 ··············· 127, 192
資金の裏づけのない利益 ········· 179
資産 ·············· 7, 9, 12, 16, 18
試算表 ··············· 23, 125
支払手形 ········· 8, 117, 118, 122, 125, 126, 128, 175, 188, 193
支払利息 ····························· 9
資本 ············· 7, 9, 12, 16, 18, 20
資本金 ·············· 8, 20, 127, 175
車両 ··············· 8, 76, 97, 164
ジャンプ ························ 139
収益 ················ 7, 9, 11, 16, 18
商品 ············· 8, 22, 50, 53, 54, 56
剰余金 ··················· 20, 127
仕訳 ······························ 21, 199

さ行 (続)

シンプル経営 ····· 181, 183, 185, 186, 189, 191, 192, 195, 201
税金 ··············· 14, 114, 160, 182
設備投資 ········ 14, 70, 78, 93, 112, 175
設立 ······················ 16, 20, 70
設立開業 ················ 14, 71, 93
先見力 ··························· 83
損益計算書 ······················ 11

た行

貸借対照表 ························ 12
脱税 ························ iii, 198
棚卸 ··············· 23, 49, 50, 54, 55, 56, 59
取引 ························ 16, 50
取引の二重性 ···················· 3, 21
どんぶり勘定 ···················· 190

な行

内輪差 ··························· 198

は行

パソコン（備品） ········· 8, 14, 70, 72, 74, 92, 113, 164
発生主義 ······················ 40, 63
バランス ··············· ii, 79, 184, 196, 199
備品 ···························· 76

費用 ················ 7, 9, 11, 16, 18
費用収益対応の原則 ················ 47
福沢諭吉 ································ 10
複式簿記 ············· i, ii, iii, 6, 10, 21, 79
負債 ··················· 7, 9, 12, 16, 18
不渡り ······················ 125, 126, 143
返済 ········ 86, 99, 101, 103, 104, 110, 112, 114, 126, 176
法人税 ································· 175
法人税等 ······························· 9

ま行

未払法人税等 ························ 8, 162
免許 ································· iii, 199

や行

ゆで蛙現象 ···························· 189, 191

ら行

リース ································· 113
利益 ········ 9, 11, 71, 77, 79, 109, 114, 123, 160, 163, 164, 173, 174, 176, 178, 180, 186, 193, 194
利息 ································· 104, 112
レオナルド・ダ・ビンチ ········ iii, 15, 167, 169, 201

わ行

割引き ································· 154, 175
割引料 ································· 9, 157
悪い意味でのキャッシュ・フロー経営 ································· 43, 179

著者紹介

牧口　晴一　昭和28年生まれ　慶應義塾大学卒業。名古屋大学大学院　法学研究科　博士課程（前期課程）修了　会社法専攻　修士（法学）。愛知淑徳大学大学院客員教授　牧口会計事務所所長，株式会社マネジメントプラン　代表取締役社長。
　　　　　　＜事務所＞　〒501-0118　岐阜市大菅北4-31
　　　　　　TEL 058-252-6255　FAX 058-252-6512
　　　　　　http://www.makigutikaikei.com/

著者の共著紹介

『イラストでわかる中小企業経営者のための新会社法』2006年3月　経済法令
『逐条解説　中小企業・大企業子会社のためのモデル定款』2006年7月　第一法規
『イラスト＆図解　中小企業経営に活かす税制改正と会社法』2007年10月　経済法令
『図解＆イラスト　中小企業の事業承継　三訂版』2009年3月　清文社
『非公開株式譲渡の法務・税務』二訂版　2009年7月　中央経済社

著者との契約により検印省略

平成21年11月1日　初版第1刷発行	パラパラめくって
平成30年1月10日　初版第2刷発行	比べる会計

著　　者　　牧　口　晴　一
発　行　者　　大　坪　克　行
製　版　所　　美研プリンティング株式会社
印　刷　所　　税経印刷株式会社
製　本　所　　株式会社　三森製本所

発 行 所　東京都新宿区　　株式　税務経理協会
　　　　　下落合2丁目5番13号　会社
郵便番号　161-0033　振替　00190-2-187408　　電話（03）3953-3301（編集部）
　　　　　FAX（03）3565-3391　　　　　　　　　（03）3953-3325（営業部）
　　　　　URL　http://www.zeikei.co.jp/
　　　　　　　乱丁・落丁の場合はお取替えいたします。

Ⓒ　牧口晴一　2018　　　　　　　　　　　　　　　　Printed in Japan

本書を無断で複写複製（コピー）することは，著作権法上の例外を除き，禁じられています。本書をコピーされる場合は，事前に日本複写権センター（JRRC）の許諾を受けてください。
JRRC〈http://www.jrrc.or.jp　eメール：info@jrrc.or.jp　電話：03-3401-2382〉

ISBN978-4-419-05414-4　C3034